行为投资者

The Behavioral Investor

[美] 丹尼尔·克罗斯比（Daniel Crosby） 著
郭昊丰 段莹莹 译

中信出版集团 | 北京

图书在版编目（CIP）数据

行为投资者 / (美) 丹尼尔·克罗斯比著；郭昊丰，段莹莹译. -- 北京：中信出版社，2021.7（2021.12重印）
书名原文: The Behavioral Investor
ISBN 978-7-5217-2778-4

Ⅰ. ①行… Ⅱ ①丹… ②郭… ③段… Ⅲ. ①投资行为－研究 Ⅳ. ①F830.59

中国版本图书馆CIP数据核字(2021)第035525号

The behavioral investor by Daniel Crosby
Originally published in the UK by Harriman House Ltd in 2018,www.harriman-house.com.
Simplified Chinese language edition published in arrangement with Harriman House Ltd.,through The Artemis Agency

行为投资者

著　者：［美］丹尼尔·克罗斯比
译　者：郭昊丰　段莹莹
出版发行：中信出版集团股份有限公司
（北京市朝阳区惠新东街甲4号富盛大厦2座　邮编　100029）
承 印 者：宝蕾元仁浩（天津）印刷有限公司

开　本：787mm × 1092mm　1/16　　印　张：19　　字　数：230千字
版　次：2021年7月第1版　　印　次：2021年12月第2次印刷
书　号：ISBN 978-7-5217-2778-4
定　价：78.00元

献 给

我的爱妻卡特里娜

指导我行动的原动力

献 给

我的孩子夏洛特、利亚姆和洛拉

我的指路明灯

目 录

推荐序 _V

前言 _VII

第一部分 行为投资者

第1章 社会学 003

第2章 投资中的大脑 013

第3章 生理学 031

第二部分 投资心理学

第4章 自我 051

第5章 保守主义 071

第6章 注意力 087

第7章 情绪 105

第三部分　成为行为投资者

第8章　克制自我意识的工具　125

第9章　战胜保守　145

第10章　提升专注力　167

第11章　情绪管理　185

第四部分　构建行为投资组合

第12章　用第三种方式投资　203

第13章　基于规则的行为投资　215

第14章　风险为先的行为投资　231

第15章　行为投资里没有万能的宇宙主宰者　251

第16章　样本行为投资因素　259

后记　坚持到底　_279

参考文献　_281

推荐序

我与投资顾问和投资人一起工作将近 30 年。在这段时间里，我见证了经济泡沫的产生、破裂以及市场从疯狂到崩溃的过程，现在的我坚信，能否掌控行为是区分成功投资者和失败投资者的关键。现在我和华尔街最聪明的人一起工作，我可以带着 30 年职业生涯赋予我的自信说，如果最伟大的金融智慧与自我理解不匹配，它就什么都不是。所有杰出的投资，从其核心来看，都是行为投资。

我与丹尼尔·克罗斯比博士的合作始于 2012 年，当时他开始协助我们公司创建一个框架，来帮助投资顾问捕捉难以捉摸的“行为阿尔法”（behavioral alpha），也就是客户在接受良好的行为指导后所获得的那部分超额表现。基于他努力获得的成功，我们进一步深化了对行为金融学的承诺，并合作创建了“效能中心”，这是一个教育项目，旨在解决客户在接受正规投资建议后有 50% 的概率不遵守规定的问题。毕竟，唯一有效的建议就是可以坚持到底的建议。

这本书中提出的想法代表了对心理学认知投资的文献的全面回顾与作者多年实践工作的结合。只有通过理论和实践的结合，我们才能保护个人免受他们最大的敌人——他们自己——的威胁。

开启新阅读时，我最喜欢的部分是向未知迈进的那一步。我将学到什么新东西？我会怎样质疑我所秉持一些信念？我会习惯改变我生活方式的信息吗？虽然许多投资书籍只是不温不火地重述旧思想，但《行为投资者》为一个全新的规划和投资范式提出了愿景。

丹尼尔带我们踏上的旅程，有时令人惊讶，有时跨度巨大，有时堪称怪异，但信息量总是非常大。无论是猴子与金融市场的类比，还是丑陋的德国城镇与我们的现状偏好的比较，《行为投资者》都有一种让复杂事物变得容易理解的诀窍。读者合上书的时候会深信，如果没有了解市场参与者，就不可能了解市场。而丹尼尔是一位熟练的向导，他带领读者穿越了人类行为的迷宫。

丹尼尔通过有效分享科学和历史的证据清楚地证明，尽管我们的大脑在复杂程度上无可匹敌，但不幸的是它仍然不适合长期投资的任务。同时，我们是这个星球上进化程度最高的物种，却对现代生活的要求毫无准备。但这本书最终是充满希望的，我们的缺点只是着眼于为我们容易落入的那些心理陷阱设置解决方案。

《行为投资者》以幽默、智慧和（最重要的）激情的笔触阐述了一系列想法，这些想法丰富了我的生活，也同样充盈了我的钱包。最好的投资类书籍往往会让人知道，如果不了解自我，财富就不会增长。《行为投资者》是一个对金融世界全新的、更有启迪性的理解的卓越典范。

这是一本罕见的金融书籍，它能让你思考、质疑、捧腹大笑。我相信，你会和我认为的一样，感受到这本书的愉快阅读体验和它的深远影响。

诺琳·D. 比曼

布林克资本首席执行官

前言

亲爱的读者，本书的创作目标是成为资产管理心理学著作中有史以来最全面的一本指南。这个目标固然大胆，但是我相信，只有这样一个不切实际的梦想，才能激起我难以置信的热情来完成一项如此艰巨的创作任务。

为了使内容更加全面，《行为投资者》一书在详细描述构建投资组合的细节之前，首先简要介绍了人性。因为，只有深刻理解人类现行的决策机制和方式，我们才能深刻理解如何投资。

本书由四个部分组成，它们分别是：

第一部分——全面阐述人类在社会学、神经学和生理学方面存在的缺陷及其对投资的影响并提出健全的投资决策建议。读者或将对外部因素如何影响人们的选择有更好的理解，也可能由于自由意志信仰的改变而受到一波存在主义问题的冲击。

第二部分——涵盖了影响投资行为的四个主要心理倾向。尽管人类行为复杂万分，但在投资的语境下，我们的行为选择大体上都是在这四种因素中的一种的驱动下完成的。读者将逐渐形成对自身行为更完善的理解，怀有更谦卑的态度以及更强烈的造福世界的愿望。

第三部分——提出了第一部分和第二部分在实践中的方法论，告诉人们“然后应该怎么做”，并提供一些实际练习，以克服在前几章中出现的那些问题。读者将在完成第三部分时感到自信心大大削弱，并对周围世界的不可预测性感到不安。不过，不用担心，最终这都是有帮助的。我保证。

第四部分——提供了不同于流行的被动式投资和主动式投资的“第三种投资方式”，以及与我们所处情景和行为缺陷现实相一致的财富管理框架。读者将会更深入地了解那些流行的投资方法的心理基础，如价值和动量，并理解为什么所有类型的成功投资都将心理学作为其核心基础。读完这一部分，人们可能会有一种冲动，想要完全颠覆目前的投资方式，在许多情况下，这将是绝对正确的做法。

说实话，财富，需要人们将心理健康和财务健康这两方面同等看待。我衷心希望本书能让您对财富一词有更深刻、更全面的理解，逐步掌握那些不但能提高您投资收益，而且能让您在聚会上显得更风趣睿智的密码。

祝您前景辉煌！

丹尼尔·克罗斯比博士

第一部分

行为投资者

第 1 章
社会学

为什么有时我在早餐前会相信多达 6 件不可能的事情。

——刘易斯·卡罗尔，《爱丽丝梦游仙境》

想象一下，你坐在豪华客机的头等舱，正飞往夏威夷开启那个盼望已久的度假旅行。当你坐入舱位并享受空姐送上的大杯香槟时，那些无数夜以继日工作的高压瞬间消失得无影无踪，你感受到了从头到脚全身心的放松。更妙的是，你的邻座是一个富有魅力的人，他对飞行闲聊套路非常娴熟，马上就和你相谈甚欢，令人乏味的飞行旅程也变得没那么难熬，很快就过去了。

飞行一小时后，飞机遇到了一些气流，当你和邻座同时抓扶手的时候，你们的手偶然碰到了，这让你们感觉情况也没那么糟。你们同时笑了起来，两人的笑声驱散了恐惧，但随着飞机颠簸的持续，你开始担心这并不是平时遇到的那种风暴。环视整个机舱，你发现空乘人员脸上有着类似的担忧，他们个个严阵以待。疾风和暴雨似乎每过一秒就会更加强烈一些，每一次颠簸都让你感到越来越恶心。通过现在播报中的声音，你感觉此前从讲话中显露出丰富经验的机长已然充满了恐惧。“低下头！系紧安全带，抵御撞击！”当你感觉飞机开始剧烈晃动时，她喊道。

当你再次恢复意识时，你发现自己在离飞机烧焦的残骸 100 码[①]的地方。你快速环视四周，发现自己置身于最坏的情况之中——完全没有发现其他人类幸存者。你双手抱头，思绪万千，考虑到底发生了什么以及后面还会发生什么。但很快你就被一个不寻常的声音打断了。

咔嚓，咔……嚓，砰！

你四处张望，观察所处的新环境，直到视线落到声音的源头，你看到了一个挂着小牌子的破笼子，上面写着“亚特兰大动物园所属”。最后，笼子里的东西出现了——一只安哥拉疣猴。

人与动物

为了我们的思想实验，假设搜救小组需要 18 个月的时间才能发现你所在的飞机坠毁的岛屿，这段时间内你和猴子——这次飞机失事仅有的幸存者——将留在这个无人岛上进行野外生存。当救援队到来时，你认为谁的状态会更好，是你还是猴子呢？如果你对自己足够诚实，那么我想你会同意，在那个荒无人烟的地方，猴子会比你我有更好的生存前景。当搜救小组到达时，他们很可能会发现你的森森白骨，而猴子则在一旁活蹦乱跳，而且很高兴终于可以摆脱那些春游学生的戏弄了。

尤瓦尔·赫拉利在他精彩的 TED 演讲[②]中设计了一个更为奇

---

① 1 码 =0.914 4 米。——编者注

② TED 演讲：美国著名演讲大会，TED 代表 technology（科技）、entertainment（娱乐）和 design（设计）。——编者注

特、更不可能发生的实验，叫“天堂的香蕉”。[1]想象一下，你的飞机上有 1 000 个人和 1 000 只猴子，他们都活了下来，被迫住在一个偏僻荒芜的岛屿上。当救援人员一年半之后登陆时，结果会不会是一样的呢？很可能不是。在第二种场景下，人类之所以可以胜出，是因为我们拥有与他人灵活合作的能力，这也是建设伟大社会和正常运作资本市场的能力的核心。

当然，赫拉利承认，像蜜蜂和蚂蚁这类的动物也是能够合作的，但它们的合作只能在一个非常死板的、等级森严的方式下进行。正如历史学家调侃的那样，蜜蜂不可能策划针对蜂王的政变，并为了组建蜜蜂共和国而杀死蜂王。蜜蜂和蚂蚁可以完成伟大的事情，但在认知上缺乏灵活性，这限制了它们在食物链上的位置的提升。另一方面，猴子很聪明，有复杂的社会结构，但是在有效处理社会交往的数量方面，它们的能力是有限的。心理学家认为，这个有效社交数量在人类中大约为 150；这也是一个有用的尺度标准，可用来评价我们的灵长类兄弟。在大约建立 100 个关系之后，猴子就丧失了对同类足够的了解能力，失去了对它们的行为、性格和意图做出准确判断的能力，也因此明显地限制了猴子文明的规模大小和复杂程度。

如果说蜜蜂是通过本能组织起来的，黑猩猩是通过紧密的社会交往组织起来的，那么人类在动物王国中崛起的奇迹就要归功于人们按照社会故事范本行事这一偏好。简单地说，人类编造了关于世界的故事，然后表现得好像它们是真实的一样。正如赫拉利在著名的《人类简史》中所写：“据我们所知，只有智人能够表达关于从来没有看过、碰过、耳闻过的事物。”[2]猴子可以说出“河边有一只驯鹿”，但始终无法传达“河边的驯鹿是我们城市的精神守护者”的意思。

这种针对虚构事物的沟通能力，让人类能够创造各种社会结构，帮助实现可预测的人类行为，并可靠地产生信任。亚拉巴马州、天主教会、美国宪法、人类不可剥夺的公民权利……从最严格的意义上讲，这些东西都不是真实的，但我们对它们的共同信念以及在此基础上的实际行动形成了相互信任的有序文明。这种建立和相信群体虚构的能力就是原因，“……智人统治世界，蚂蚁只能吃我们的剩饭，而黑猩猩则被关在动物园里”。[3]

如果说，我们作为一个物种拥有的统治地位是在对虚构产生共同信仰的情况下实现的一种功能，那么其中有一种特别的虚构占据着至高无上的地位，那就是金钱。赫拉利没有任何保留地说：“金钱是有史以来最普遍也最有效的互信系统。”[4]当然，那些让我们辛苦不已、魂牵梦萦、心情烦躁的纸片并没有什么内在的价值。货币和资本市场是共同的幻觉，其价值更多地体现在心理上而非物质层面。人类的思想造就了金融市场，在没有适当理解其起源的情况下试图理解金融市场是愚蠢至极的。没有对人性的理解，也就不会有对市场的理解。

祝福和诅咒

无论是新生的婴儿和不眠的夜晚，还是繁荣的经济和贪婪的亲戚，生活中很少有什么东西是非好即坏的。人类最伟大的礼物也是一样，因为人们编造的故事的高度一致性和极度相似性可以为股市带来兴旺，也会让我们在同样的市场中做出糟糕的决定！《理性之谜》的作者雨果・梅西耶和丹・斯珀伯认为，人类的理性在最严格的意义上并没有朝着“正确的”方向演化，而是将共同信仰的稳定性特权化了，而共同信仰正是我们物种成功的基石。[5]

下面这个在动物和人类身上进行信仰测试的例子也许会帮助你更充分地理解这一概念。一个人可能会遇到一种与其根深蒂固的信念背道而驰的想法，例如，“我所选择的政治派别是明智善良的”，这可能会带来一些痛苦的认知分歧。否定这一信念的证据——失败的政策、无能的领导、与党派路线相矛盾的科学现实——在客观上可能令人信服，但一个人的政治信仰往往相当顽固。由于共同的信仰是将人类团结在一起的黏合剂，因此打破这些连接绝不是一件小事，即使面对那些禁忌也是如此。一个经历了思想转变的政党狂热者会付出巨大的社会代价，他会失去亲密关系、切断社会关系，以及被迫面对“我错了”的现实。这种心态的改变，尽管逻辑上可能是顺理成章的，但对于我们成为真正意义的人类这一点具有腐蚀性。

现在，想想一只羚羊拥有的宝贵信念——这里没有狮子。如果这只羚羊警觉地发现灌木丛中有沙沙声，它就会立即跑开或被狮子吃掉。动物只能进行简单的交流，因此仅用二元对立、非此即彼的方法进行推理。是有狮子还是没有狮子？是逃跑躲藏还是留下吃草？

人类能够更复杂地思考，因此能够产生更多的自欺欺人行为和非理性思维。如果一只羚羊像人类一样推理，在面对草丛中的沙沙声时，找到很多理由想象那不可能是狮子，它很快就会被吃掉。拥有糟糕的客观推理能力的羚羊，其寿命大多没能足够长到有后代的时候，其实这对羚羊种群来说是个利好。

人类的情况与羚羊不同。实际上，人类的集体主义和非理性的自命不凡可能为我们带来更强的生育能力。虽然我们倾向于群体忠诚胜过其他事物，但是自吹自擂、贬低“他人”、回避科学的人可能会获得来自他人的更多的尊重和权力。正如梅西耶和斯珀伯所写：“从‘智力主义者’的角度来看，人类大脑的这些习惯看起来很奇怪或者非常愚蠢，而从社会‘互动主义者’的角度来看，它却是精明的。”[6]

规则之外的特例

在人类社会探索发展过程中，从众常常胜过逻辑，而权益市场则是一个例外。人们生来合群至上，但投资却以与众不同为要。人们的自我保护意识与生俱来，但要想在投资市场取得成功，需要将其颠覆。人们习惯于问“为什么”，但也必须学会问“为什么不”。我们的城市、教堂、建国文件，甚至资本市场的存在，都应该归功于对不可能的挑战。因此，作为人类，要有对共识的信任，但作为成功的投资者，要学会质疑共识。

无穷龟背世界

在 1988 年出版的著作《时间简史》中，已故作者斯蒂芬·霍金讲述了一个众所周知的故事，它既象征着我们探求世界的渴望，也象征着我们在这一探索过程中有时表现出的虚假属性。

> 一位著名的科学家曾经做过一次关于天文学方面的演讲。他描述了地球如何绕着太阳运动，以及太阳又是如何绕着被我们称为星系的巨大的恒星群的中心转动。演讲结束时，一位坐在房间后排的矮小老妇人站起来说道："你说的这些都是废话。这个世界实际上是驮在一只大乌龟的背上的一块平板。"这位科学家很有教养地微笑着答道："那么这只乌龟是站在什么上面的呢？""你很聪明，年轻人，的确很聪明，"老妇人说，"不过，这是一只驮着一只、一直驮下去的乌龟塔啊！"[7]

科学家、牧师和哲学家自古以来就在寻找根源，虽然这个过程并不完美，但从足够长的时间来看，还是产生了一些令人印象深刻的结果。想想古代炼金术的做法吧。我们今天错误地将其描述为将普通金属转化为黄金的贪婪，但实际上，炼金术士的主要目标是发现那些"最底层的乌龟"。正如刘易斯·托马斯所写：

> 炼金术始于很久之前，是人类最深层和最古老愿望的表达：发现世界的本源。地球上的一切一定是由单一的、原始的物质组成的，这个假设导致了几个世纪的艰苦工作，这些工作旨在分离原始物质，并根据炼金术士的喜好对其重新排列。如果能够找到它，那么没有什么事物可以不被人类控制。[8]

从这个最广泛的意义上讲，每个金融市场中的受试者都可以被看作一名炼金术士，探索投资市场现象背后的深层根源。

这种对资本市场持久真理的探索绝不仅仅是对一些哲学愿景的追求。恰恰相反，理解什么是市场，或者谁是市场主体这样的概念才是合理投资的首要问题。人们对于原子的早期理解认为原子类似于一个小小滚珠轴承，是一个封闭的硬球体，所以从概念上认为原子是不可分割的。随着亚原子粒子的发现，人们才知道那些早期描述其实是被误导的。比如亚原子粒子中的电子，最初人们认为它是漂浮在正电荷云中的，类似于太阳系行星运行模式。大体上来看，人们认为宇宙是由许多微小的宇宙组成的。这个美妙的想法非常符合人类对秩序和对称的需求，但不幸的是，这对建立描述性和预测性模型毫无用处。

就像早期对原子的研究一样，人们对金融市场的研究也一直为理论的坚持所困扰，这些理论提供的更多的是数学上的优雅，而不是现实世界的适用性。传统金融范式是以“理性”受试者对市场的信念为基础的。这种理性有两个主要特点：首先，理性的市场受试者拥有获得信息的渠道，并在掌握新信息后迅速更新自己的投资理念。其次，理性的市场受试者可以做出与主观预期效用（SEU）相一致的决策。L.J. 萨维奇在其 1954 年出版的《统计学基础》（*The Foundations of Statistics*）[9] 一书中概述了主观预期效用的概念。萨维奇认为，人们对某一选择的个人效用进行了评估，并通过其发生的可能性来衡量这种选择。

如果坚持新古典主义经济理论的预期，那么人们将会变得高尚，这想想就让人兴奋。人们会为了保持长期的健康状态做出严谨的营养选择，会为了实现个人需求及保证长期利益而忽视股市的日常价格起伏，会抛开部落主义和偏见，选择那些可以代表人民福祉而且平易近人的政治领袖。我真心希望人类可以如此高尚，但不幸的是，这种对人类和市场的模型的描述能力和预测能力，就像将原子描述成行星系统的模型一样不尽真实。相反，我们是一群越来越恐慌的乌合之众，只会喜欢放大人性最丑陋一面的那些领导人，而不会喜欢吸引我们天性中美好的一面的那些天使。

只有在看到原子的本来面目时，我们才能真正驾驭它们。我们点亮或摧毁一座城市的能力，取决于我们能否做到摒弃优雅理性进而寻找更加准确真实的原子解剖模型。同样，对市场的理解如果不考虑驱动市场的人类本身，那么这种思考也将是具有局限性的。原子是物质的基本单位，细胞是生物体的基本单位，词语是语言的基本单位，人则是市场的基本单位。

在下一章中，我们将深入研究与投资决策相关的人类生物学、神经学和心理学。我认为你一定会对你学到的东西深感惊讶、有趣甚至焦虑。但我更希望你能深入运用这些观点，因为只有当人们开始了解自己的时候，财富才会开始实现增长。

本章重要观点

- 人类最大的财富是通过共同致力于创造社会性虚构而逐步建立信念的一种能力。
- 在所有这些人类的共同叙事中，资本市场和货币也许是人们最为喜爱的和感觉最有用的那两个。

- 这种对共同叙事的强调，意味着我们倾向于用社会角度而不是客观角度来推理。
- 人是资本市场的基本单位。
- 因此，市场投资理论的发展程度，一如我们对人性的理解程度。

第 2 章

投资中的大脑

我自己只是大脑，华生。除此之外，我的身体只是一个附件。

——柯南道尔爵士，《王冠宝石案》

米利都的泰勒斯是自然哲学学派的创始人，也是与亚里士多德同时代的古希腊七贤之一。泰勒斯曾经在特尔斐的阿波罗神庙上刻下一则简短的格言，有人问他人类最困难、最重要的任务是什么，他的答案是“了解你自己”。随后有人问他相反的问题，即人类做出的最容易、最无用的事情是什么，他的答案是“给出建议”。

遗憾的是，华尔街的精英们给出了大量的投资建议，却很少涉及对投资者自身的解读，这对投资者来说绝非幸事，有时甚至导致了灾难性的后果。幸运的读者们，从此刻起，就让我们以正确的方式了解投资吧。如果说了解自己是成功投资的必要条件，那么了解大脑便是投资最好的起点。

衰老、饥饿和焦躁

“受过良好教育的母亲只为我们做了 9 个比萨饼。”

“1492 年，哥伦布在远洋航行。”

“4 月、6 月、9 月、11 月有 30 天……”

记忆术（Mnemonics）是古希腊人发明的，此后一直被各个年龄段的学生使用。无论是采取首字母缩写法、韵律还是场景想象中的任何形式，它们的悠久历史都充分证明了记忆术的实用性。当我们开始讨论大脑并将其应用于投资时，我希望大家运用记忆术来记住关于大脑的三个重要特性，请在脑海里想象一个场景：有一位穿着粗花呢面料上衣的七旬老人在下午 4 点的牛排自助餐厅中排队等候就餐。正如你所想象的那位老人一样，你的大脑也不再年轻，而且饥肠辘辘、焦躁不安。

年龄

从进化的角度来看，人类并没有那么古老，因此那些认为大脑古老的观点并非完全公允，但大脑相对于与之关联的现代社会环境肯定是陈旧的。正如贾森·茨威格在《投资的怪圈》一书中所说：

> ……智人至今还不到 20 万年，而且自那时起，人类的大脑几乎没有发育。1997 年，古人类学家在埃塞俄比亚发现了一个距今 15.4 万年的智人头骨。它曾经拥有的大脑体积约为 1 450 立方厘米……并不比今天普通人的大脑小。[10]

在过去的 15 万年中，人类的大脑一直处于相对停滞不变的状态，但它面对的世界却变得如指数爆炸般错综复杂。像美国股市这样的正规金融市场大约只有400年的历史。如果说人们的心理硬件尚未赶上时代的变迁，那么这绝对是一种轻描淡写。

进化痕迹在现代投资者的行为中显而易见，尽管这些进化行为的原因早已消失殆尽。古时候，人类的祖先在春夏两季会将多余的粮食储存起来，在寒冷的秋冬两季将粮食供给人们食用。奇怪的是，现在来看，在去除季节性因素、历史业绩表现、广告效应以及资金流动性需求的情况下，这种储蓄和投资行为一样会在春天和夏天有所增加。无论是美国、加拿大还是季节与北美洲有半年之差的澳大利亚，都出现了这种情况。虽然古代人对食品储存的需求目前已不再适用，但现代投资者还是莫名其妙地在春夏冒险，以便度过寒冷的秋冬。[11]

使用旧设备的一个后果是，大脑最终必须进行双任务操作，在原始任务的基础上又要加上分析风险和回报这种与原始设计完全无关的工作。大脑扫描显示，大脑情绪中枢本来是用来指导类似于避免攻击这种原始任务的，现在还要参与处理金融风险的相关信息。全世界哺乳动物的这些大脑区域都是为快速反应而设计的钝器，而非精确思维的利器。快速果断的行动可能会让松鼠从猫头鹰爪下逃走，但肯定对投资者没有帮助。事实上，大量研究表明，投资者在习惯性不作为的情况下获得的利润反而最多。

基金行业巨头先锋领航集团研究比较了那些无变化账户和进行了微调的账户的投资收益表现。果不其然，他们发现保持无变化状态的投资收益表现明显优于那些经常修修补补、变来变去的投资行为。行为经济学家迈尔·斯塔特曼援引瑞典的一项研究表明，由于交易成本和错误的时机，那些频繁大量交易的股票交易员每年会损失其 4% 的账户价值，而这种结果在全球各国都是一致的。纵观全球 19 家主要证券交易所，那些频繁变动的投资者要比那些买入并持有的投资者每年落后 1.5% 的收益。

对大脑行动偏差的破坏性影响最著名的研究也许可以同时揭示出与性别相关的交易行为倾向。特伦斯·奥迪恩和布拉德·巴伯，行为金融学的两位奠基人，对一家证券交易经纪公司的众多个人账户进行了调查分析，他们惊奇地发现：研究中男性的交易量比女性高出 45%，更让人难以相信的是，单身男性交易量比单身女性高 67%。巴伯和奥迪恩把男性的这种更活跃的交易行为归因于过度自信，但无论其心理根源是什么，它都将一直拉低投资回报。由于过度活跃，这项研究中的男性比女性在投资收益表现中每年低了 1.4 个百分点。更糟糕的是，如果考虑整个投资周期中的复利滚动，那么单身男性比单身女性低了 2.3 个百分点，这最终带来了无法言说的拖累感。简而言之，它的重点是：不管是由过度自信还是其他因素造成的，倾向于采取行动的大脑进化趋势都会损害投资收益。

焦躁

为了了解大脑是如何处理忍耐力的，麦克卢尔和同事们设计了一套实验来判断参试者的大脑活动，该实验要求参试者做出一系列抉择，即在即时奖励和延迟奖励的选项中做出选择。当选择即时奖励时，大脑腹侧纹状体、内侧眶额皮质和内侧前额皮质都被激活——这些都是大脑中与吸毒成瘾和冲动行为有关的部分。即时奖励的诱惑提供了大量多巴胺，令参试者很难抗拒。另一方面，选择延迟奖励激活了前额皮质和顶叶皮质，它们是大脑中与审慎思考相关的部分。研究结果表明，人们控制由贪婪导致的短期冲动的能力是有限的，或多或少都自带即时性。人的大脑随时做好了行动的准备，如果你处于战争之中，那么这绝对是个好消息；可如果你是为了退休储蓄而奋斗的投资者，这就非常可怕了。[12]

饥饿

更加雪上加霜的是，人的大脑不仅陈旧焦躁，还是身体最饥饿的部位。就像老旧的手机一样，人的大脑要同时在有限的功能和糟糕的电池寿命之间寻求平衡。虽然人的大脑只占体重的 2%~3%，但即使是人们处于休息静止状态，大脑消耗的能量也高达身体总耗能的 25%。[13] 由于这种巨大的消耗，人的大脑一直不断寻找能够进入节能模式的方法，从而不去那么费力地工作。虽然这是身体和谐之下自然甚至美好的表现，但这也意味着人们总想追随他人的想法，依赖于认知捷径。很多情况下，这让人们几乎不费什么脑力、不用力求完美，就能做出足够好的决定。在绝大多数情况下，这些捷径对人们没有什么坏处，比如你几乎不用动脑子就可以自动驾驶车子下班回家，但这种思维方式在人们做出投资决策时可能会造成严重的损失，稍后大家会看到这一点。

* * *

即使与最先进的技术相比，人的大脑也是无与伦比的奇迹，但它是一个为另一个时空配备的奇迹。在经历了数千年的与饥荒、战争和瘟疫的斗争之后，我们现在生活在一个越来越安逸的社会，面对的更多的是心理斗争。肥胖造成的死亡人数将超过因饥饿而死亡的人数。每年自杀造成的死亡人数已超过因战争、恐怖主义和暴力犯罪造成的死亡人数总和。人类的大脑还在进行一场数千年前赢得的战争，可现在的你必须为了迎接一场新的战斗而磨炼它，你会获得更多的耐心和稳定性，而不是速度和行动力。

现金统治一切

一些行为金融学的批评者假设，当真金白银上线时，在实验室中为了学分或者糖果而努力的非理性行为将消失。简单地说，随着赌注的增加，行为变得越来越犀利。让我们通过一个游戏来检验这个评论。

这个游戏里有两个人：一个是“提议人”，一个是“回应者”。在游戏每次重复的过程中，两个人分 100 美元，提议人的任务是在自己和回应者之间尝试用不同方式拆分 100 美元，直到回应者接受提议人的报价为止。提议人可以以任何方式分钱，但规则是，只有在回应者同意提议的拆分方式的情况下，二人才可以共享奖品。假设您已被设定为回应者，请考虑如何回应以下拆分：

场景 1：提议者提议平分这笔钱，每人 50 美元。

场景 2：提议者提出自己保留 99 美元，只给你 1 美元。

很有可能，当你读到第一个场景时，你很高兴地同意了这笔交易。你可能觉得这是公平、互利的，所以表示“同意”。当你得到一个如场景 1 一样的公平的交易时，你的背外侧前额皮质会被激活，这是与自我意识和解决复杂问题相关的区域。你对交易进行分析评估，并确定它是双赢的。

但是场景 2 呢？如果你和我一样，你就会很愤怒地说：“哦，这绝对不行！”如果你说“不”，就会像《哈佛商业评论》报道的那样：“回应者拒绝了大约 50% 的低报价，因为他们觉得自己被低报价侮辱了。回应者宁愿惩罚提议者，也不愿赚一点儿钱。”[14]

但回应者的行为并不是这里的唯一区别；低报价实际上完全是由大脑的不同部分处理的！不公平的提议没有通过前额皮质进行推理，而是在前脑岛中处理的，而前脑岛是大脑情绪处理中枢的一部分，与恐惧和焦虑等情绪感觉有关。有趣的是，大脑的这个情绪中枢也拥有梭形细胞，这些梭形细胞在消化系统中更常见。正如贾森·茨威格的调侃：“当你凭直觉（gut feeling，直译是消化道感觉）发现一项投资变差的时候，可能它并不只是自己的想象。”脑岛中的梭形细胞可能正与你翻腾的胃同步活跃呢。

值得指出的是，在继续我们的游戏之前，回应者的理性反应都应该是不管怎样都接受交易。无论这种分法有多么不公平，钱一开始都不是你的，你离开的时候得到的总是比你开始时拥有的多。然而，即使知道应该如何做，人们也很难超越对金钱的情绪反应和对公平的思考。看来，逻辑与之关系不大。

典型的经济学模型认为，金钱有间接的效用，也就是说，只有当它可以购买我们希望购买的东西时，它才是好的，但神经科学讲述了一个完全不同的故事。神经系统证据表明，金钱刺激产生的多巴胺奖励与其他主要强化刺激（比如姣好的容颜、有趣的卡通、跑车）是相同的。看来，人们喜欢的是钱本身，而不是它能为我们做什么。

同样，旧的消费模式认为，人们关心市场收益，只是因为收益可以为投资者关心的事情提供融资。但这些简单的模型并不能准确描述现实世界。在现实世界中，投资者似乎直接关心巨额收益本身，而这些收益与满足需求的过程中产生的收益毫不相关。人们有时会对一些超级富豪的非理性行为感到惊讶，他们撒谎、欺骗、偷窃，让已经很可观的巨额财富越滚越大。但大脑似乎只是直观地重视金钱，在追求更多金钱的过程中永远不会满足。

哈佛的另一项研究考察了那些玩游戏的人的神经活动，在这种游戏中，他们可能会赔钱，并在伏隔核，也就是大脑中与动机、奖励和成瘾有关的那一部分区域，发现了大量的活动。与这种神经活动最接近的是那些在高含量可卡因吸毒成瘾者的大脑中发现的大脑活动，他们的脑部扫描结果几乎是一模一样的。与那些主张加大赌注以提高标准门槛的人完全不同，哈佛大学的克努森博士表示："我们很快就发现，没有什么东西——不是赤裸的身体，也不是尸体——能像钱一样对人产生这样的影响。它激怒了人们，就像食物成了狗的动力一样，金钱也成了人们的动力。"[15]

反对者则认为：金钱对人们来说非常重要，它在人们生活中的中心地位不但磨炼了人的理性，还使人更加聪慧，可是脑部扫描却反映出了一个完全不同的视角。当然，钱的确很重要，但它是如此之重要以至让人回避了理性，忽视了最优的经济收益，倾向于情绪上的满足。总之，这有点儿不太正常。

从错误中吸取的教训

假设你愿意，你可以自己试想一下，你和爱人要出门，在镇上留宿一晚，所以你要给小孩找一个可靠的保姆。接着，你请一位好朋友帮忙介绍两个儿童保育方面的专业人选，这位朋友给你做了如下描述，让你二选一，择优录用。

- **保姆一，**被描述为聪明、勤奋、冲动、挑剔、固执和善妒。
- **保姆二，**被描述为善妒、固执、挑剔、冲动、勤奋和聪明。

那么，作为妈妈或爸爸，你选择哪一个呢？作为一个聪明人，你可能已经破译了，两个形容词列表是相同的。不过，你很有可能会有强烈的直觉反应，更喜欢第一个保姆。这是由于所谓“非理性首因效应”（irrational primacy effect），即更重视较早出现在列表或句子中的信息。事实证明，人生第一次了解或学习的经验会影响我们今后对事物的看法，这不仅真实地反映在人们的沟通中，也反映在人们的日常生活中。最先学到的教训也是保持最久的教训。

首因效应和近因效应

一会儿，我会要求你给自己 10 秒的时间来记住下面的词语列表。10 秒之后立即合上书，请试着背诵这些词语，然后回来看看你的表现。好，我们开始：

- 敌人
- 年度的
- 紧张的
- 过敏的
- 世纪
- 中空的
- 有争议的
- 开花
- 股骨

现在回来，你表现得怎么样？

你对列表的记忆可能是这样的："敌人、年度的……嗯，那个，那个……股骨。"你能记得词语表中的第一个词和最后一个词，这被心理学家称为首因效应（primacy effect）和近因效应（recency effect）。

这种在互动中记住第一部分和最后一部分的倾向并不局限于可笑的客厅把戏和食品杂货清单——它是我们学习方式的一个非常重要的部分，对我们的投资方式也会产生影响。在决定市场形势时，你早期的投资经历和近期的投资经历可能比它们应该表现

> 的更为突出，并决定了你对市场的主观感受。
>
> 相应的解决办法是学习市场历史，而不是依赖于你有限的实践经验。

为了隔离大脑中与买入、卖出和持有决策有关的部分，研究人员将受试者按市场条件的不同分成两组，然后利用脑电图技术（EEG）绘制大脑地图。第一组设定为一个显示出稳定增长趋势的市场，第二组则是一个波动较大的市场。当受试者花了一些时间进行交易并了解市场后，两组互换市场条件，稳定增长市场的受试者进入了动荡的市场，动荡市场的受试者进入了稳定增长市场。接下来，研究人员观察到的现象令人瞠目结舌：人们基于早期的市场经验做出未来的投资决策，利用了大脑的不同部分。

第一组从有序的、可预测的市场开始，他们组织大脑活动，创造规则，寻找普遍适用的市场原则。用研究人员的话说，“决策将由预测价格和实际价格的比较来支持，并由基于规则的推理来驱动”。相反，那些在比较混乱的条件下入市的人则利用大脑完全不同的几个部分来应对市场的波动。由于市场的波动并不适合形成稳定的规则，第二组的人学会了做出临场决定（即凭借他们的直觉），将这种即兴风格延续到更平稳的市场。在市场上的糟糕经历实际上给他们留下了伤痕，令他们始终无法充分寻找规则和最佳做法，即使这些规则已经变得显而易见。[16]

在生活中的许多活动中，早期留在大脑上的印记为人们未来的决定提供信息是合理的。出生在饱受战争蹂躏的叙利亚的孩子从小就知道要时刻保持警惕，这是一种适应，就像一个来自贝弗利山的孩子知道周边是安全的一样，这也是合乎情理的。地点和安全的变量很可能会相对稳定，但市场条件不断变化，可能导致人们吸取错误的经验。从 2007 年年底开始从事投资行业的投资者可能会对市场做出不恰当的残酷评估，而从 20 世纪 90 年代初开始从事投资行业的投资者可能会因为历史重演而认为市场更加相似和有利可图。

所以本书会一直重复以至令人厌烦的这个教训就是——在日常生活中百战百胜的思维定式，完全不适合投资的世界。

人永远不会满足

与大多数建立在神灵基础上的宗教不同，佛教的核心人物是一个人——乔达摩·悉达多，他曾对人类的大脑进行一些精妙细微的观察和总结。悉达多出生在王室，29 岁时继承了一个小王国。从小衣食无忧的他，在年少时就拥有了常人奋斗一生都无法企及的人生，也因此在很早就建立了对自己的不满足以及他人的不懈追求的认知。无论年轻人还是老年人，富人还是穷人，不满足似乎是一个共同的特质。

释迦牟尼（乔达摩·悉达多后来的称呼）观察到，当人处于匮乏状态时，就会渴望拥有更大的繁荣和满足。但当财富和物质充足时，人们很快就会变得腻烦并渴望更刺激的体验。释迦牟尼的伟大在于，他洞察到人类的苦难更多地源自我们无法控制自己的思想，而不是上天的不满。正如他发现的，痛苦源自我们无法满足的自私欲望，当它与现实世界冲突时，它不可避免地产生了痛苦。释迦牟尼生活在公元前500年前后，但他准确地预见了关于大脑的一个真理：人们对金钱的欲望永不满足。

人们产生这种沮丧幻象的其中一部分原因在于，期待收益是一件让人相当满足的事，然而与其相比，真正获得收益则远没有那么令人兴奋。想象中的奖励没有上限，也不会带来任何现实层面后续的烦恼（如税收、受宠的孩子等等），所以人们很喜欢幻想空中楼阁，并讨论今后将如何处理彩票奖金。正如贾森·茨威格在谈到这一概念时所说："当你把钱装进口袋的时候，贪婪的刺激已经消失在类似于神经刺激的哈欠之下了——尽管你已得到了你想要的收益。好吧，赚钱的感觉很好；可是期待赚钱的感觉更好啊！"[17] 如果听之任之，人们的心理过程就是一条失望不满的公式。人们渴望财富，可是一旦获得财富，长久期盼的吸引力就会迅速消失。心理学家将这种西西弗斯式的纠结称为"快乐水车"（hedonic treadmill），它让人们总是试图跟邻居攀比，边失败边尝试。

大家都熟悉"跟邻居攀比"这个心理，但不一定明白，这对我们定义成功和理解神经过程是如何带来成功的有多重要。每年，盖洛普都会进行一项民意调查来统计确定"满足美国普通四口之家适应社区生活需求的最低金额是多少"。盖洛普发现，这个问题的答案随着受访者平均收入的增加而增加。"够了"似乎是一个可变的目标，有缺陷的人类神经是不会让我们完全放弃的。我们生存所需要的钱恰好比我们现在拥有的多一点点。

在发达国家，"相对富裕"和"相对贫困"的概念非常重要。

发达国家有绝对合理的需求——每一天都有 1/5 的美国儿童挨饿，但在中等和上层社会经济阶层中，人们倾向于依靠他人的标准而非那些静态的财富指标来确定他们是否成功。事实上，研究表明，金钱对幸福最显著的影响是负面的！那些非常富有的人在其相对的经济优势下所收获的幸福感略有增加，可“穷人”在仰望那些资源更充足的富人时，一考虑到“尚未得到的东西”，就痛苦万分。鉴于幸福感增长微弱，富人仅占总人口的一小部分，总的来说，人们以攀比方式看待金钱的倾向，是造成巨大不幸的根源。

大脑推动人们用攀比的方式看待财富状态，这种方式只能产生短暂的快乐，不过了解人类自身的这种局限性是做出不同选择后迈出的第一步。事实上，并不是所有发达国家都流行这种炫富和攀比。瑞士也是一个非常富有的国家，却截然相反地奉行低调的哲学。与美国的“炫富”信条相反，瑞士人采取“财不外露”的做法，以免遭到别人的嫉妒。瑞士人看待财富的方式说明，人们对待金钱的态度不是由人性的某种确定性决定的，而是特定环境的产物。我们不应该被最糟糕的欲望驱使，互相掣肘于嫉妒和过度追求的贪婪中，而应该坚定地相互支持，寻求真正的幸福与平和。

多少钱算够?

丹尼尔·卡尼曼曾经指导了普林斯顿的一项研究，旨在回答那个由来已久的问题:“金钱能否买到幸福?”他们的答案竟然是“也许，可能，差不多吧”。研究人员发现，赚钱少本身并不会引起悲伤，但它确实有可能使已有的焦虑加剧。以离婚人群为例，在那些月收入低于 1 000 美元的人中，有 51% 表示在离婚之前感到悲伤或压力很大，而在月收入超过 3 000 美元的人中，这一数字下降到 24%。拥有更多的金钱似乎为那些遭受逆境的人提供了更大的安全保障和更多的资源来处理他们的麻烦。然而，研究人员发现，这种效应（减少生活困难的影响）在年收入达到 7.5 万美元的情况下会完全消失。

对于那些年收入超过 7.5 万美元的人来说，个体差异与幸福的关系远远大于金钱对他们的影响。虽然这项研究没有对为什么 7.5 万美元才是那个神奇的数字做出任何具体的推断，但我想试着解释一下。对于大多数年收入为 7.5 万美元的家庭来说，他们有足够的钱住在安全的家中，送子女上优质的学校，有适当的休闲时间。一旦这些基本需求得到满足，生活质量就与购买幸福的关系不大了，而更多地与个人的处事态度有关。毕竟，那些年收入 75 万美元的人可以买到比年收入 7.5 万美元的人更快更好的车，但他们从 A 点到 B 点的通勤能力并没有得到实质性的提升。看来，一旦人们的基本财务需求得到满足，对于能否幸福这个问题，剩下的就得看人们自己了。

麻醉下的行为

古希腊人认为，主宰人类大部分行为的是两套大脑系统，一套是寻求快乐的系统，另一套是止痛系统。就像“认识你自己”这句劝诫一样，它们也在发挥一些作用。当人们意识到环境中潜在的收益时，大脑的奖励机制就会活跃起来。正如神经学专家、交易员理查德·彼得森博士所解释的那样：

> 奖励机制起始于中脑并穿过大脑边缘系统，结束在新皮质。在奖励机制的大脑区域之间携带信息的神经元主要是多巴胺，因为在大脑以多巴胺为主的中心区域受到电刺激的人会产生强烈的幸福感，所以多巴胺被称为大脑的“快乐”物质。奖励机制中的多巴胺途径可以被非法药物激活，这种非法药物就是人们常说的毒品。[18]

他接着表示，激活奖励机制会导致“更大的冒险、更强的冲动和身体兴奋”，但这些都不利于做出明智的重大投资决策。同样可以理解的是，恐惧会产生相反的效果，它使人们变得“胆小、有防御性、害怕和规避风险”。

人足够直觉化了，但这又与投资有什么关系呢？

人的大脑在牛市中变得更爱冒险，在熊市中更加保守，这意味着人们从神经学的角度上更倾向于违反“低买高卖”的投资首要规则。先天缺陷的大脑使人把实际风险相当高的情况主观地判断为低风险情况，霍华德·马克斯把这一概念称为“逆向风险”（perversity of risk）。

虽然人们倾向于认为熊市是有风险的，但真正的风险实际上是在繁荣时期积累起来的，只不过在熊市期间才具体化。在经济好的时候，投资者变得不那么挑剔，也更愿意不计一切代价地竞购风险资产。在牛市大涨时期，风险滚动叠加，而这种风险升级在很大程度上没有被人发现。因为每个人都在赚钱，多巴胺在到处涌动。也许你已经意识到了这些风险，但你的大脑会尽一切努力确保你不去应对。

就像一朵花长在了路边的人行道上，花儿很美但长错了地方。人的大脑一样很棒却与周围事物格格不入。它是为了一个早已被放弃的地方和目的而形成的，从真正意义上讲，人们创造和维持财富的能力是建立在理解这种不适应的基础之上的。动物用脑去看外面的世界，人类却具有独特的反观内心的能力。我们必须用头脑来理解内心——首先要了解我们自己。

本章重要观点

- 有 15 万年历史的人类大脑比它想要探索的投资市场（400 岁）古老得多。
- 人类大脑只占体重的 2%~3%，却消耗 25% 的能量。
- 人类往往容易行为冲动，市场却常常奖励按兵不动的行为。
- 金钱的重要性似乎在削减人们的决策效果，而不是在改善人们的决策。
- 人们早期在资本市场方面的投资经验会以持久的方式印在大

脑中，并影响今后的投资决策。

- 快乐水车是财富增加与预期增长相匹配的过程。
- 对投资收益的预期令人释放出大量多巴胺，这使人变得懈怠并不守纪律；因此，投资越成功越容易导致失败。

第 3 章
生理学

胜人者有力，自胜者强。

——老子

没有现金，没有风格，

没有女孩逗你笑，

但别担心，要快乐点儿，

因为当你担心的时候，你会皱眉，这会让所有人情绪低落，

所以别担心，要快乐点儿，

别担心，现在要快乐点儿！

——博比 · 麦克费林

博比 · 麦克费林这首欢乐的歌在 20 世纪 80 年代末随处可以听到，这首歌不仅为他赢得了格莱美年度最佳歌曲奖、年度最佳唱片奖和最佳流行男歌手奖，还推出了上千件衍生 T 恤产品。如果我们细读细品，歌词“别担心，要快乐点儿”其实反映了受到情绪影响的身体状态（比如皱眉）和引发行为的情绪（比如担心）之间存在的一种常见的、直观的关系。

但真的那么简单吗？

早在 1872 年，一位像查尔斯·达尔文一样著名的思想家，相信身体状态可以影响情绪，就像情绪可以引起某种身体状态一样。达尔文在《人类和动物的情绪表达》一书中写道："如果一个人做出暴力的手势，他的愤怒就会随之增加。"然而，达尔文并没有把这一发现成果据为己有，而是归功于法国大脑解剖学家路易斯·皮埃尔·格拉蒂奥雷的研究工作，后者写道："即使是身体的偶然运动和位置变化也会带来相关的感觉。"这些伟人不是在说"别担心，要快乐点儿"，而是在说"你在担心？微笑一下，你就会快乐"。

后来，人们用 20 世纪的经验主义，证明了 19 世纪有关身体和情感的联系的观察发现。罗切斯特大学的研究生詹姆斯·莱尔德将非功能性电极贴在受试者的眉毛、嘴角和下颌轮廓上，表面上看，他要在一系列变化的条件下测量面部肌肉的活动。

当受试者被连接到假的装置上时，莱尔德要求他们做出各种各样的表情——从皱眉、微笑，到紧皱眉头，然后要求他们对一系列漫画的滑稽程度进行 1~9 的评分。与多年前达尔文的观察结果一致，那些被安排皱眉的受试者认为，漫画明显没有那些被诱导做出微笑动作的人认为的那样有趣。

而斯特拉克、马丁和史泰普的研究成果更加广为人知，他们发明了一种更为简单的方法，让受试者在不知道真实测试结果的情况下微笑和皱眉。研究人员告诉受试者，他们将参与一项旨在衡量"心理运动协调"的研究，目的是帮助残疾人学习使用手写笔写字或使用电话。受试者需要从两种方式中选择一种将一支笔含在嘴里，一种是用牙齿夹住笔，这样就会露出微笑，另一种是用嘴夹住笔，这样就会露出皱起的眉头和脸。结果几乎与莱尔德的相同，微笑的受试者给漫画的评分为 5.1 分，皱眉的受试者平均给 4.3 分。

由于这些开创性的研究，新的应用出现了，它在减少种族主义和增加创造力等方面证实了身体 – 运动 – 精神假说。随后，一些试图复制早期研究的尝试取得了喜忧参半的结果，但极少有人认为，我们对于精神、身体之间相互作用的理解是双向的，而非单向的。理解人类生理学对投资决策的影响算是一个未得到充分重视的研究领域，它确实是一些善于思考的投资者一些独特优势的来源。

接入生活

让我们继续探讨生理学和投资之间的硬道理——你不是为了快乐或做出好的投资选择而生，而是为了生存和繁衍而生。让一个为短期存活而生的人成长为一个长期投资者，这有点儿像用锤子来粉刷一间屋子。虽然你可以完成任务，但结果并不会漂亮。

接入生活的一个结果，就是损失厌恶（loss aversion）；对于在你身上发生的坏事情（相对于好事带来的收益来讲），你有种不对称的恐惧。损失厌恶是由杏仁核驱动的，杏仁核是两个微小的杏仁状结构，是你所有情绪反应的所在地。从进化的角度来看，对损失怀有厌恶之心是很有道理的，许多科学家认为，这就是智人在通往食物链顶端的道路上为什么比其他物种走得更远的原因。正如麦克德莫特、福勒和斯米尔诺夫于 2008 年指出的，食物耗尽是致命的，所以避免损失的天性促使我们的远古祖先收拾行囊，去一个新的地点觅食。[19] 尽管在投资环境中，损失厌恶被人嘲笑为非理性行为，但那些天生就有抵制这种倾向的人，却没能活到冷静占据上风的时候。

事实上，避免损失对人类来说尤为重要，我们的身体实际上已经进化出了不同的神经信号，这些信号在大脑的不同部位得以处理。当我们预测到有经济收入时，腹侧纹状体的伏隔核就会被激活，这与正面激励有关，但这并不让人感到意外。相反，对预期损失的想法是在前脑岛处理的，前脑岛在身体疼痛、感受焦虑和对厌恶刺激产生反应时也会被激活。从一个非常真实的意义上来说，即使是对经济损失的思考，也会在一个可能的物理意义上产生痛苦感受。

毫无疑问，大脑加工损失的特殊性质会对行为产生深远的影响。斯坦福大学的布赖恩·克努森已经表明，投资者往往会以理性和利己的方式行事……直到涉及损失的时候。克努森在他的研究中向受试者提供了三种可能的投资选择并让受试者选择其一：低风险债券和两种不确定风险和收益的股票。债券很简单，游戏中受试者每次都会收到有保证的 1 美元作为其收益。股票的波动性会更大。其中一只股票有可能每次支付 10 美元，而损失 10 美元的可能性较小；另一只与第一只股票相反，有很大的损失和较小的获利机会。

克努森观察了投资任务完成时受试者的大脑活动，并注意到大多数受试者一开始都在进行理性交易，而大脑的理性中枢在决策过程中最为活跃。也就是说，在他们经受意想不到的损失之前一直会是这种情况。一旦经历了损失，大脑的疼痛中枢就会被唤醒，未来的决定就会变得不那么理性。亏损让投资者舔舐伤口，让他们变得不那么理性，变得更加偏好债券带来的确定性，这种状况在整个游戏过程中对整体收益率产生了破坏性的影响。奇怪的是，这种让人类获得生存优势的趋势，恰恰也是导致投资业绩表现不佳的主要原因之一。

稳态

有了对身心双边关系的新理解，行为投资者就有必要了解生理状态影响投资决策的真实方式了。

由于过去人们对这一概念知之甚少而且它总被人们忽视，因此它确实代表了投资新手潜在优异表现的真正来源。要了解身体如何影响你的财务选择，最重要的是把下面这句话牢记在心：身体的主要作用是维持体内稳态。

如前所述，身体的两个主要功能是生存和繁殖。你做这两件事的能力核心是稳态，即维持生理平衡。你的体内平衡温度是98.6华氏度①。如果低于这个温度，你的身体就会自动从四肢收回血液；如果超过这个温度，你就会通过出汗来降温。

偏离稳态会让我们感觉非常不舒服，并促使我们去拿一件外套或者打开空调（或者，根据我的个人体验，我会立即停止锻炼）。正如卡默勒、勒文施泰因和普雷莱茨指出的那样："与其将快乐视为人类行为的目标，不如将它视为一种稳态的线索——一种信息信号。"一般来说，当身体偏离稳态设定值时，我们的决定就会变得更糟。[20]

温和的、积极的影响，就是你会在任何再普通不过的日子里体验到的那种影响，被公认为与所有事情都有正相关关系，无论是认

① 98.6华氏度=37摄氏度。——编者注

知灵活性还是创造性问题的解决。悲伤会消耗你的精神能量，当你保持乐观时，你就会获得一种自由，而这种自由仍在稳态的范围内。但正如我们早些时候了解到的那样，重要的财务决策不太可能落在这个总体上令人满意但没有重大决策的“甜蜜点”上。事实证明，金钱对我们来说是一件非常重要的事情，做理财决定时，我们的生理冲动会加速，这会导致我们迅速离开稳态，并走向反常的道路。过度的生理唤醒会降低工作记忆和认知能力等，因此，就像极度寒冷会让手指和脚趾血液流失一样，处理金钱问题也会让大脑的处理能力流失。[21]

一个不稳定的身体状态实际上可以改变我们的偏好，而且是以一种我们可能不太喜欢的方式来进行的。我们希望自己的决定基于理性、道德和久经考验的原则，但研究表明，这可能与我们吃了什么有很大的关系。杰罗姆·弗兰克法官的话似乎是在讽刺，他认为“正义就是法官早餐吃的那些东西”。根据以色列本·古里安大学的沙伊·丹齐格的研究，这句话似乎包含着令人不安的真相。丹齐格对以色列监狱 1 112 次假释听证会的结果进行了为期 10 个月的研究。[22]

研究发现，如果囚犯恰好在法官享用完早餐后开始假释听证会，就有 65% 的机会获得假释，但之后不久，这种概率开始下降，最严厉的判决是在午饭前做出的。午饭后，法官的仁慈又回来了，但接着又逐渐减少，你猜对了，一直到下午茶之前。

丹齐格的研究结果确实让人震惊和沮丧。当人们的生命和更广泛的社会福利受到威胁时，判断应当基于法律的冷静应用，而不是对巧克力的渴望。虽然目前还没有类似的关于投资决策的研究，但我们似乎有理由做出假设，饥饿这种看似微不足道的事情，可能会对投资结果产生重大影响。沃伦·巴菲特每天喝下 800 卡路里[①]的可口可乐或许也是他成功的秘诀之一。

我们进一步探索，另一项研究表明，饥饿的人不仅渴望食物，还渴望金钱，而且在这方面更加贪婪。相关研究表明，禁食的人比饱食的人更倾向于进行更高风险的金融赌博。正如达娜·史密斯所写，这种趋势并非人类独有:“这一发现得到了一些动物相关文献的支持，动物在饱食时更不愿意冒险，但在饥饿时更愿意冒险。这可能是一种进化上的选择特征，在饥饿状态下促使动物探索和冒险，从而带来新的食物来源。”

一个领域的稳态赤字似乎以可预见的方式影响着看似不相干的金融决策世界。如果身体上的饥饿可以概括为经济上的财务需要，那么来自本能的控制说不定也可以做到。荷兰的一组研究人员以一种非常不寻常的方式展开了他们的调查。

在米里亚姆·图克的带领下，研究人员将受试者分成两组，第一组消耗了 700 毫升的水，第二组消耗了 50 毫升的水。然后，研究对象需要参与一项任务，这项任务可以让他们快速地获得一些小奖励，或者在等待更长的时间后获得一些更大的奖励。令人震惊的是（至少对我来说是这样），那些喝更多的水、报告高度尿急的人选择奖励延迟选项的频率要比那些喝更少的水、报告较低度尿急的人要高！图克和她的团队提出了一种解释，虽然令人惊讶，但与上面讨论的饥饿溢出效应（spillover effects of hunger）非常吻合。作者将这种效应称为“抑制溢出”，他们假设，为了避免上厕所而进行

① 1 卡路里 ≈ 4.185 9 焦。——编者注

身体约束，会产生一些连锁反应，同时也提升了其等待更大经济回报的能力。[23] 你现在可以放下书了——财务成功的秘诀就是总需要憋尿。

阻碍决策的生理障碍的最大危险在于它们总是暗中操作。如果你去问一名以色列法官，为什么他会做出这样的裁决，那么他肯定会指向一本皮革封面的大部头，而不是指向他自己的肚子。我们对自由意志和个人责任的信念意味着我们倾向于忽视行为的身体决定因素，这对任何地方的投资者都非常不利。但值得一问的是，一旦我们意识到风险和不确定性，我们是否能够放慢脚步并控制我们的身体反应？我们能通过实践更好地维持稳态吗？

罗闻全检测了不同经验水平的交易员的各种自主神经系统（ANS）反应，包括呼吸、皮肤温度、面部运动和血量。正如我们所料，他发现经验丰富的交易员对市场波动的身体自主神经系统反应要比那些刚刚起步的交易员小。经验丰富的交易员能够更好地维持稳态，从而获得各种认知方面的好处，但仍表现出“明显的生理反应”。金钱移动了生理指标的指针——就这么回事。[24]

我们研究的这些饥饿的以色列法官平均有22年的从业经验，他们的判决占了研究过程中以色列所有假释判决的40%。这些都是经验丰富的专业人士，但他们的客观性仍会受到他们饥饿程度的影响。每当我看到一个极限运动员表演危险特技（比如在摩托车上做后空翻）的时候，我都想知道他们需要骨折多少次才能达到目前的专业水平。有了足够的经验，投资者可以减轻（但永远无法真正摆脱）来自市场波动的极端生理反应的破坏性影响。但是一路上要付出的代价又会是多大呢？

风险让人痛苦

如果让你自由联想一下“压力”这个词，你大脑首先想到的几个词或语句会是什么呢？你可能会想象到某种精神上的痛苦，比如工作上的不确定性、对爱人工资福利方面的担忧或者财务上的不安全感。压力最常用的口语定义是“对事件失去知觉控制”，这在本质上也是心理上的。但是，我们强调压力是一种精神状态，却往往忽视了它所产生的实际身体影响，也忽视了一些更为实际的管理压力的方法。

在一个“压力过大”似乎变得习以为常的时代，想到心理压力这个概念在一个世纪前还被人认为是胡扯，还真是让人惊讶。我们今天使用的这个术语是由内分泌学家汉斯·谢耶在 20 世纪 30 年代创造的，是在谢耶对老鼠进行研究时偶然发现的。

在给老鼠注射激素的过程中，谢耶假设这个过程本身——老鼠被放在笼子里、关起来、用针扎以及被人仔细观察——在老鼠身上产生的变化比注射器里的激素更大。借用工程学的一个术语，谢耶提出如下观点，一种痛苦的精神状态正在老鼠身上产生身体后遗症，这个想法在当时遭到了强烈的质疑。但是，在谢耶的时代可能被视为一件可笑的事，现在却被理解为极其严重的事情——压力带来伤害。

压力与肥胖等多种疾病有关，比如高血压、勃起功能障碍、不孕症、失眠和心血管疾病。据估计，在去医院问诊的人中，有 25% 都是因压力过大而被转到心理医生而不是外科医生那里的。没有什么比金钱更能激发我们的压力反应了。

希望在改善结果的过程中管理压力的投资者，必须首先理解压力是一种深刻的生理现象。约翰·科茨曾经是一名交易员，后来成为一名神经学家，他同时也是一名出色的投资压力研究人员。他在《纽约时报》上写道："我们大多数人倾向于认为，在很大程度上压力算是一种心理现象，是由于经历了不愉快的事情而感到沮丧的一种状态。但是你如果想要真正了解压力，就必须纠正自己的这种观点。压力反应主要是身体上的：它其实是你的身体在为即将到来的运动做准备。"[25] 心跳加速、眼睛睁大、身体充满皮质醇和肾上腺素，所有这一切都促使你马上行动。但当这样可怕的刺激从未出现或在近 500 天（一个熊市的平均时间）内一直无法结束时，身体就会产生一种生理反应，这种反应既不适合形势的需要，也带来了真正的健康风险。

在适当的剂量和一定的时间范围内，压力也可能成为救命稻草。压力和人的表现已经被证明可以用所谓"倒 U 形模型"来解释，如图 3-1 所示。

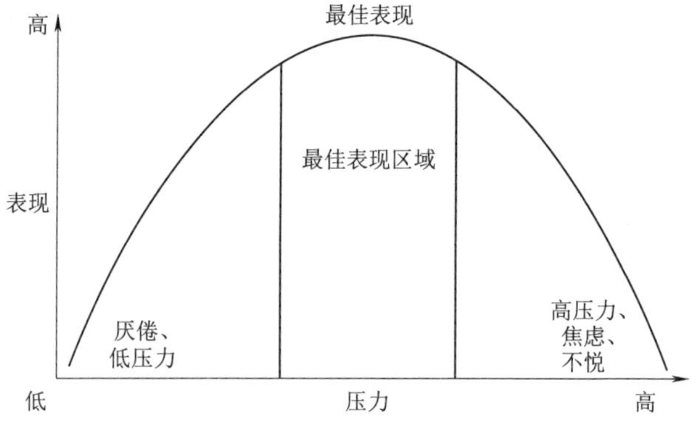

图 3-1 压力与表现的倒 U 形模型

倒 U 形模型表明，如果压力过小，你就很难离开松软的沙发，如果压力过大，你又会因此窒息。在适度的情况下，压力产生的皮质醇是一种神奇的药物，可以增强身体的兴奋感、改善记忆、促进学习、增强感觉寻求和增加动力。但如果压力持续较长时间，就像大多数市场低迷时的情况一样，就会出现完全相反的情况：行为灵活性降低、免疫系统受损、注意力减弱、出现抑郁症状、自我效能被习得性无助取代。

约翰·科茨直接深入了解了之前的研究成果暗示的压力荷尔蒙和冒险行为之间的关系。科茨的第一项研究是建立市场波动时期皮质醇产生的基线效应（baseline effect）。他的这项开创性研究发现，交易员的皮质醇含量在短短 8 天内激增了 68%！在一项后续研究中，他在药理学上复制了皮质醇水平对交易员的影响，然后测量了他们在赌博任务中的风险偏好。研究结果发表在《美国国家科学院院刊》上。研究发现，由于皮质醇水平升高，受试者的风险偏好下降了 44%，这让人难以相信。[26]

风险承受能力（risk tolerance）在以前主要被认为是一种心理结构，但科茨的研究结果颠覆了传统风险承受能力的概念，描绘了一幅更为动态的大脑与身体相互作用的画面。正如他在《风险生物学》（*The Biology of Risk*）一书中所言："经济学和金融学的大多数模型都假设，风险偏好是一种稳定的特征，就像你的身高一样。但我们的研究表明，这种假设具有误导性。人类天生具有不断变化的风险因素。它们是我们应对压力或挑战的不可分割的一部分。"

我们再一次观察到，那些具有内在意志的决定和想法可以很大程度上被生理性外在因素操控。承担有益的金融风险并不是可以借助推理来解决的智力难题，而是要靠意志力来处理的。

恐惧的顽固性

1900—2013 年，美国股市经历了 123 次“调整”（跌幅为 10% 或 10% 以上）——平均每年一次以上！在熊市中发生更剧烈的损失的频率要略低一些，平均每 3.5 年发生一次。尽管媒体把 10%~20% 的市场损失说成世界末日，但它们的到来就像春天的花朵一样有规律，并不能否认市场在很长一段时间内大幅增加财富的趋势。令人难以置信的是，100 多年前的人却可以承受高达两位数的年化收益率和随之而来的两位数的亏损。但是为了在巨大的痛苦中实现这些巨大的收益，投资者必须抑制他们对即将到来的损失的恐惧，这是一项非常困难的任务。尽管我们或许不希望如此，但我们的身体似乎特别擅长于抓住恐惧，然后在不恰当的时候释放它。

在一项证明这一点的范例实验中，勒杜在 1996 年通过反复将电击与听觉刺激配对，使老鼠产生恐惧。这一举动会让巴甫洛夫咧嘴一笑，老鼠最终只需要听到声音就开始躁动焦虑。但是一旦动物充分适应了恐惧，研究人员就开始通过施加没有伴随电击的刺激（音调）来消除恐惧。最终，恐惧反应减弱了，老鼠一听到声音就开始忙它们自己的事情。我们现在可能会觉得恐惧已经完全消散，老鼠已经克服了最初的恐惧，但事实上却奇怪得多。

研究人员（他们肯定很讨厌老鼠）接着切断了大脑皮层和杏仁核之间的神经联系，并再次发出声音，这时老鼠立刻就被吓坏了。恐惧并没有完全消失！相反，恐惧被大脑皮层抑制住了，但在痛苦的刺激再次出现的时候，恐惧仍然隐藏在杏仁核中。勒杜的研究结果表明，身体希望保存旧习，当类似的坏消息再次出现时，身体会抓住之前那些痛苦的经验，让它们重新浮现。

管理压力的四个步骤

米凯莱·麦克唐纳开发了 R.A.I.N. 模型，这是一个简单但功能强大的系统，用于管理急性压力发作。下次你有压力时，可以试试下面这些步骤：

1. 识别（recognition）——有意识地观察并说出你的身体和思维中正在发生和经历的事情。例如，“我感觉我的心灵和思维正在赛跑”。

2. 接受（acceptance）——承认并接受你在上面观察到的一切。你不需要爱上它，自我斗争只会让事情变得更糟。

3. 调查（investigation）——问问自己正在给自己讲什么故事，并检查自己目前的想法。

4. 非认同化（non-identification）——现在你已经认识、接受和检查了自己的压力，你必须意识到构成你自己的不仅仅是你的情绪。你可以感觉到一些其他的东西，但不要被它们定义。

本章重要观点

- 身体状态肯定会影响情绪，反之亦然。
- 损失厌恶让我们的祖先活了下来。但它却阻挡你成为一个成功的投资者。
- 身体渴望稳态。考虑金钱问题会破坏这种稳态。
- 压力既是一种心理现象，又是一种生理现象。
- 承担财务风险会给身体带来真正的痛苦。
- 恐惧是不可能被消除的，因为身体会把它储存下来，以备不时之需。

第二部分

投资心理学

如果你还不知道自己是谁，那么华尔街算是发现自我的一个代价高昂的地方。

——亚当·斯密，《金钱游戏》

我喜欢读拉迪亚德·吉卜林的《原来如此的故事》，这是一本故事集，最初是为他女儿编写的睡前故事，因为她要求这些故事都要以“原来如此”（她习惯的词语）的方式讲述。每一个故事都为进化生物学提供了一个神奇的视角，并描述了各种动物是如何获得它们最独特的生物特征的。

在《鲸鱼的喉咙为什么很小》这一篇中，我们了解到，鲸鱼只能吃浮游生物，有一只鲸鱼吞下了一名水手，而这名水手随后将一艘木筏绑在它的喉咙里，以防止其他人遭遇他的命运。在《骆驼为什么有驼峰》这一篇中，我们了解到单峰骆驼的驼峰是懒惰和被驼背精灵诅咒的结果，一个驼峰能让它在两次休息之间做更多工作。在每一种情况下，动物都经历了一些困难，但最终都得到了进化上具有适应性的独特特征。就像这些故事本身一样，动物也是“如此”被创造出来的。

让人满意的是，在这个世界里，大自然总是为我们谋求福利，但让人遗憾的是，这并没有反映我们在财务决策方面的一些现实。正如你在前几章中了解到的，你的身体和大脑被创造出来是为了高效地完成很多事情，投资却不在其中。

事实上，如果一个半神半邪的精灵或复仇心切的水手着手设计一个最糟糕的投资者，他们就会把他设计成你的样子。在投资方面，你并非天生如此擅长。

一个坏的过程

你的设计缺陷很自然地会引发你的行为异常，而创建一个系统来解释这些异常是合理投资哲学的基本要素。正如好的防守可以帮助队伍赢得冠军而四分卫可以得到女孩的青睐一样，风险管理驱动业绩，但丰厚的收益能得到所有的媒体的关注。因此，在回答“如何才能成为一名娴熟的投资者”这个问题之前，我们必须先回答一个不那么吸引人却更重要的问题：如何才能不让自己在投资上吃亏。更委婉地说，我们必须学会管理风险。

如果你接受这个事实，拿起一本关于风险管理的教科书，那么你可能会读到两种主要的投资风险——系统性风险（systematic risk）和非系统性风险（unsystematic risk）。

系统性风险，也被称为“市场风险”（market risk），是指由于市场波动而导致亏损的可能性，而不是与特定业务相关的因素。非系统风险，也被称为“经营风险”（business risk），是指对某一种证券的投资由于与该业务相关的因素而贬值的可能性。你的教科书可能完全忽略的是第三种风险——行为风险（behavioral risk）——这是所有风险中最重要的一种。

将大量的行为风险进行整理是成功管理风险的先决条件。毕竟，你怎么能对抗一个自己看不见的怪物呢？在很多情况下，我们的行为风险领域产生于对投资者不当行为的研究。正如《思维的发现》中丹尼尔·卡尼曼所说：“你如何理解记忆？你不会研究记忆的。

你在学习遗忘。”理查德·塞勒的《“错误”的行为》讲述了行为经济学领域的一个奇异的起源故事，讲述了一种简单但有效的方法，即他为当前的进程设定了规则。塞勒不相信他所了解的关于有效市场的知识，并开始集思广益，找出他认识的人与那些在传统经济学理论课程中学到的“理性经济人”（可以做到效用最大化并总能做出理性的财务决策的虚拟个人）在现实生活中的种种不同。塞勒只用了一个简单的思维实验，就创造了一系列行为异常，催生了无数研究项目，这极大地加深了我们对普通人如何做出财务决策的理解。

虽然这些异常行为的发现和记录是重要的第一步，但它们对投资者缺乏效用，因为没有更宽的组织框架。我们现在列出了一长串自身不完美的地方，在接下来的实际行动中涉及的却少之又少。研究表明，没有具体解决方案的坏消息实际上会使问题更加严重！

受到塞勒这些简单而优雅的方法的启发，我戴上了灾难性思维的帽子，并开始集思广益，找出人们行为中可能对投资决策产生负面影响的每一种方式。我发现了超过 117 种不同的偏差和启发法，可以引导有抱负的投资者做出最优决策！为了让这个世界对投资者更有利，我在各种各样的错误模式中寻找共同的心理基础，并对它们进行了分组。开始这个过程的时候，我并没有预想到这些信息会如何输出。最后，出现了四种一致的行为风险类型：

1. 自我。
2. 保守主义。
3. 注意力。
4. 情绪。

所有行为风险的核心都存在这四个风险因素中的一个或多个。这种分类是本书的独特之处，它为创建行为知情的投资管理过程提供了一个重要的起点。现在，我们将在接下来的章节中依次研究投资者行为的每一个支柱。

你了解吗?

罗闻全、雷平和斯蒂恩博格的研究表明，没有“最佳”交易员类型。尽管人们普遍将成功的投资者描述为傲慢、外向、追逐风险的人，但金融市场上的成功更多的是要掌握行为风险的四个方面，而不是要符合特定的投资者模式。

第4章
自我

别那么谦虚，你没那么伟大。

——梅尔夫人

“你的孩子的智力处于平均水平。”一说完这句话，我的身体就紧张起来，等着被人反驳。作为一名心理学研究生，我经常被安排去评估小学生的智商，并且很快发现“平均”是任何一个父母都不想听到的词。天赋本身就是一种老天的奖赏，孩子的学习障碍促使父母寻求干预，但谈及平均水平呢？平均？没有人想成为普通人。自1969年纳撒尼尔·布兰登在《自尊心理学》（*The Psychology of Self-Esteem*）[27]中提到自尊是个人幸福之中最重要的构成方面的说法以来，自尊运动一直有着深远的影响。美国一直是一个寻求自我满足的国家。在20世纪70年代和80年代，任何被认为有损自我价值感的东西都被他们抛弃了。金色的星星如雨后春笋般涌现，而红色的原子笔则布满灰尘。比赛第一名的奖杯让位于赠给受试者的奖项。在这个新的环境中，每个人都是赢家，每个人都是特别的。

这一善意的运动逐渐获得人们的支持，相应的学术研究也随之而来。在21世纪之前的30年里，有超过15 000篇文章讨论了自尊对几乎所有可以想象的事情的影响。然而，这些数不清的研究结果往往让人困惑或者不确定。美国心理科学协会请该理论公认的支持者罗伊·鲍迈斯特博士对有关自尊的现有数据进行元分析。接下来发生的事情，就是鲍迈斯特后来所说的“我职业生涯中最失望的事”。

在纳入考虑的 15 000 项研究中，仅有 0.013%（200 项）符合纳入元分析的严格标准。很明显，许多影响政策的关于自尊的理论都是垃圾科学。更重要的是，那些通过测试的研究并没有很好地说明该架构的预测能力。自尊与学业或职业成就无关，也与吸毒或暴力行为无关。自尊运动的最大发现是表扬并不能预测自尊，而成就感可以。如果一个人不是通过自己的工作赢得自尊，那么即使告诉别人他们很特别，也是不够的。关于何时会赢得赞扬或者无法得到赞扬，我们都会有一个准确的内在感觉。如果我们觉得自己不值得被赞扬或鼓励，那么自尊的指针连 1 英寸①也无法走动。[28]

在这种疯狂的自我祝贺中，没有人会问“我们真的需要这个吗”，因为，即使积极的自我价值感很重要（而且似乎并不重要），也没有证据表明大多数人都缺乏积极的自我价值感。事实上，大多数人不是缺乏自信，而是太过自负。之前的章节已经让你了解到，我们之所以能做出“足够好”的决定，是因为我们有一个巨大的、饥饿的大脑，我们的身体也在试图减少大脑对能量的消耗。在许多情况下，提高决策精度的成本大于收益，因此我们以一种非常特殊的方式简化了这些选择，那就是参与“自我协调满足”（egosyntonic satisficing）。

即使是在一个充满荒谬语言的世界里，“自我协调满足”也肯定是其中最荒谬的一句，但它可以让你在鸡尾酒会上给人留下深刻印

① 1 英寸 = 0.025 4 米。——编者注

象，请让我稍加解释。自我协调与理想自我形象的目标是一致的，这是一个能让我们相信自我的最好方法。满足感是选择一个足够好的选项的过程，它基于其可用性而不是优越性。因此，自我协调满足是一种做出简单决定的过程，这种决定支持了一种关于自我美好的、善良的信念，一般来说是高于平均水平的。如此多的人类行为——政治的、宗教的、金融的——都可以用这样一个事实来解释：我们想要做最好的自己，同时不希望过于努力地实现最好的自己。

有很多证据可以证明这一点。当考察世界范围内各个国家的学生对于数学的熟练程度时，美国高中生正好处于中等水平。然而，当这些学生被问到他们对自己的能力有多自信时，他们的数据却引领了全世界。詹姆斯·蒙蒂尔报告称，超过 95% 的人认为自己的幽默感比一般人要好。彼得斯和沃特曼在《追求卓越》一书中指出，100% 的男性受访者认为自己在人际交往方面比一般人强，94% 的男性认为自己在运动方面比一般人强。

我们过于自恋，这一事实对投资决策有着危险的负面影响。为了让这种爱的盛宴继续下去，并且保留宝贵的认知处理能力，我们需要了解并实施以下三个步骤：寻找支持性的证据，为自己的信念而庆祝，对那些针对自己世界观的攻击做出激烈回应。

生存之道

如果有人试图找出人类推理行为中一个特别值得注意的问

题，那么证真偏差必须是要考虑的候选因素之一。许多人写过关于这种偏差的文章，这种偏差似乎非常强烈和普遍，人们不禁要问，在个人、团体和国家之间发生的争端、争执和误解中，偏差本身是否可能占很大一部分？

——雷蒙德·S. 尼克尔森

人们喜欢别人告诉他们自己已经知道的事情。记住这一点。当你告诉他们新事物时，他们会感到不舒服。新事物……新事物并不是他们所期待的。他们想知道类似于狗会咬人这样的事情。当然平时狗就是这么做的。他们不想知道那个人反咬了狗，因为这个世界不应该是这样的。简而言之，人们以为他们想要的是新闻，但他们真正渴望的是旧闻。不是新闻，而是老生常谈，告诉人们他们之前知道的东西是真的。

——特里·普拉切特（通过维特纳里勋爵这个角色来叙述，出自《真相》,《碟形世界》系列小说之一）

在所有错误的地方寻找真理

人类一旦接受了一种观点（要么是接收的观点，要么是自己同意的观点），就会把所有事物都搜集来的支持和赞同这个观点。

——弗朗西斯·培根

试图确认我们现有的信念，而非否定它们，算是人类的本性吧。人们一般会倾向于思考“我可能是对的”，而非“为何我可能是错的”。

这种寻找与我们现有的想法相符的信息的倾向，在很大程度上决定了我们保持自我的方式，这在心理学文献中被称为确认偏差。虽然我们最近才以科学严谨的态度给它命名并对其进行研究，但它在历史上是一直存在的。希腊历史学家修昔底德（公元前 460—约公元前 395 年）写道：“因为人类有一种习惯是把自己渴望的东西随便托付给希望，同时用至高无上的理性来抛开自己不喜欢的东西。”在《神曲》中，圣托马斯·阿奎那在天堂告诫但丁：“轻率的观点往往倾向于错误的那一面，对自己观点的执着会束缚、限制人的思想。”在一篇题为《什么是艺术？》（*What is Art?*）的文章中，著名小说家列夫·托尔斯泰谈到人类的这种倾向，他说：

> 我知道，若迫使他们承认他们自己已经形成的结论——那些他们引以为傲的结论、那些他们传授给别人的结论，以及那些被他们当作建立生活的基础的结论——带有虚假性，那么大多数人——不仅仅是那些被认为是聪明的，甚至还有那些能够理解最艰涩难懂的科学、数学或哲学问题的真正聪明的人——很少能辨别出哪怕是最简单、最显而易见的真理，这也许会相当困难。

迪克·切尼就是这种倾向的典型代表，他要求只有福克斯新闻频道能播放他的节目。这位副总统受到了美国民主党和微软全国广播公司（MSNBC）等自由派新闻媒体的强烈批评，因此切尼想让自己身边少一些批判的声音。尽管人们很容易拿副总统切尼开涮（毕竟他确实朝朋友脸上给了一击），但我们都会为自己总是被志趣相投的人以及令人舒服的半真半假的事实包围而感到内疚。俄亥俄州立大学 2009 年的一项研究发现，如果一篇文章符合他们的观点，人们会多花 36% 的时间来阅读它。在 2016 年美国总统大选中，无论是投票给唐纳德·特朗普还是希拉里·克林顿，对于那些投票人中的大多数人来说，他们不会有那种会投票给他们不喜欢的候选人的亲朋好友。

遗憾的是，对于诚实的真相追求者来说，避开不符合个人喜好的信息变得越来越容易。新闻网站和高度专业化的专家数量的暴增，意味着我们越来越趋向于这种生活：真理追逐受众，而不是受众寻找真理。不喜欢你在电视里听到的内容吗？换一个频道吧，找一个高度符合你现有世界观的人气节目吧。

一般来说，我们会聚集到那些和我们拥有共同文化、宗教、政治或意识形态认同感的人身边。这样一来，我们就会被一群观点一致的人包围，这些人反过来又强化了我们观点的正确性。考虑到在面对相互冲突的想法时涉及的情感纠葛，让自己沉浸在一个意识形态同质化的池子里比做出其他选择容易得多。如果与我们交往的每个人的审美、行为、思维都和我们的一样，我们就能“成功地”避免一些艰难的内心挣扎。

帮自己一把

我们对自我的维护并不局限于在所有错误的地方寻找真理这方

面，它还延伸到了激烈的内部宣传活动上，用来强化现有信念，在文献中被称为“选择支持偏差”。为了解释这个概念，我们先来做一个练习。

假设你现在已经同意参与我正在进行的一项研究。我带你进入一个房间，给你展示 6 件艺术品。然后我让你把这 6 幅画按从 1 到 6 的顺序进行排序，1 是你最喜欢的，6 是你最不喜欢的。

现在你已经完成了排序任务，我告诉你可以从这 6 幅画中任选一幅带回家。当然，你选择了数字 1，因为它是你最喜欢的那幅画，我回到房间的后面，准备把它拿出来。过一会儿，我带着担心的表情，抱歉地告诉你：“你排在第 1、2、5 和 6 位的画都被人挑走了，剩下的是你排在第 3 位和第 4 位的。”你仍然可以从 4 和 3 中任选一个，因为你对 3 有略多的好感，所以选了它。

现在想象一下，两个星期的假期之后，我再邀请你回到我的办公室，按照你的偏好重新排列同样的 6 幅画。你认为这次会发生什么？你的偏好顺序会保持不变，还是会发生变化呢？如有变化，那么是什么原因导致了它们顺序的变化或者顺序仍然保持不变？

大多数参与这个实验的人（通常被称为“自由选择范式”）在返回后改变了他们的偏好。通常我们会看到，被选中的画作之前排名第 3，现在排名更高。相反，之前排名第 4 的未被选中的画作，现在的排名就没那么好了。在如此短的时间内，是什么造成了如此巨大的变动？毕竟，这两幅画代表了一种中等的偏好，在最初的排名中既没有得到很高的评价，也没有让人对它产生更多的厌恶。它们现在又是如何向两个极端各自迁移的呢？答案就在于，我们需要保持自我意识，并且认为自己是有竞争力、有能力的决策者，可以根据理性的标准做出选择。

丹尼尔·吉尔伯特博士是哈佛大学教授和杰出的幸福研究者，他这样描述了受试者的思维过程："我得到的这个东西真的比我想象中的要好。我没获得另一个，它应该是很烂的。"[29] 对于我们拿走的那个——一旦做了决定，我们就会立刻开始寻找支持自己的决定的所有理由。我们可能会告诉自己，我们更喜欢它的阴影或纹理，或者画作挂在客厅空白处的那种感觉。但无论我们构建出来的具体原因是什么，总原则仍然是：我们不是在寻找真理，而是在寻找安慰。我们同时来到围墙的另一边，开始对着没有走过的路发起进攻。我们在否定未选择的选项方面至少同我们在建立承诺方面一样顽强。问问那些曾经和自己"本来就不喜欢"的恋人分手的人就知道了。

令人难以置信的是，支持选择偏差是如此强大的一种心理倾向，它似乎存在于我们内心深处的某个地方，甚至存在于那些无法形成短期记忆的人身上。丹尼尔·吉尔伯特和他的团队研究了自由选择范式对一组患顺行性遗忘的受试者的影响；换句话说，他们是一组无法形成新记忆的住院病人。就像那些神经正常（没有脑损伤）的同伴一样，失忆症患者需要将画作按从 1 至 6 的顺序排列，并让他们从排在第 3 或第 4 的画作中选择一幅自己喜欢的。选好之后，研究人员承诺在几天内会把被选择的画寄出，然后他们离开房间。[30]

仅仅 30 分钟后，吉尔伯特博士的研究小组成员再次向失忆症患者进行自我介绍。这些患者无法形成新的记忆，不记得他们之前见过研究团队，也不记得他们曾经做过这个实验。为了确保失忆症患者确实无法形成记忆，研究人员随后让他们指出他们之前自己选择的那幅画，在这项任务中，患者的表现比随机猜测还要差一些！随后，研究人员让病人们完成整个排序，结果让人惊讶。与神经正常对照组一样，即使失忆症患者根本不记得自己曾做过选择，他们仍“大声说出”了他们所做的选择，并忽略了之前没有选择的画！我们需要把自己视为有能力的人，并在内心深处保持自我，就连认知障碍也无法触及它。

信念的科学

在 2004 年的美国总统竞选中，乔治・W. 布什与民主党挑战者约翰・克里展开角逐。这也为大脑研究人员提供了一个机会，来研究一下究竟是什么让信念如此“具有黏性”。研究人员召集了自称对某一候选人有明确偏好的受试者。研究人员给受试者提供了来自布什、克里或第三位政治中立的公众人物的一些看似矛盾的陈述。同时他们还得到了进一步的信息，让表面上的矛盾显得更加合理。然后，他们需要确定这些人是否确实做出了那些前后矛盾的陈述。

在评估和思考的过程中，研究人员对受试者进行了磁共振成像检查，让科学家观察他们的大脑活动。当受试者在评估他们不太喜欢的候选人的陈述的时候，他们大脑的情绪中枢保持不活跃的状态。这使得他们能够对这些陈述做出冷静、理性的判断。然而，当受试者评估他们所选择的候选人的陈述时，他们大脑的情绪中枢变得高度兴奋。经统计，评价结果有明显差异。

受试者很可能会认为自己不太喜欢的候选人说了一些自相矛盾的话，但他们基本不可能提及自己喜欢的候选人曾犯了一个言语修辞上的错误。简单地说，当自己喜欢的人说了一些不正确的事情时，他们的情绪会来淹没它，但是当“另一个人”说了一些不合理的事情时，他们就会理性地指出他那些错误的想法。用直白的话来说，我们会理性地评估那些与我们的世界观不相关的事物，却感性地评估那些与我们的世界观相关的事物，这也是我们为了秉持自己“正确”的信念所付出的努力的一个重要组成部分。

就像我们讨论过的所有行为癖好一样，围绕信念自我庆祝的疯狂也是有理论依据的。该理论认为，这是一种后悔厌恶的形式，旨在将痛苦最小化、提升幸福感，为更重要的任务节省认知处理能力。我的意思是，你可以想象一下，如果你总是事后批评自己，那么你会多么疲惫和沮丧。有趣的是，当我们通过随机选择得到一个选项时，我们没有表现出选择支持倾向。只有当我们的个人选择和个人信念受到审视时，我们才会将自我集结起来进行防御。

逆火效应

我对失败者的描述是这样的：在犯了错误之后，他们不反思、不改进，却感到尴尬并自我防御，不用新的信息去充实自己，他们会去解释为什么自己犯了错，而不会继续前进。

——纳西姆·塔勒布

“纸袋还是塑料袋？”

这个问题你已经被人问过 1 000 次了，但是你可能从来没有深入思考过这个问题。既然我现在正在问，那么你要思考一下到底哪个对环境更友好。当你在杂货店看到有不同的袋子可供选择时，你会选择哪一个？你如果像我一样可能会选择纸袋，就会感觉自己在这个过程中帮了地球母亲一个忙。如果你真这么想，就看看《你不是那么聪明》播客上的这些事实吧：

- 制作一个纸袋所需要的水是制作一个塑料袋的三倍。
- 只有24%的人会重复使用纸袋，而67%的人会重复使用塑料袋。
- 纸张生产比塑料生产多产生70%的空气污染。
- 回收1磅[①]纸比回收1磅塑料多消耗91%的能源。

感觉相当震惊，不是吗？根据这个新信息，你下次去杂货店的时候会做出不同的选择吗？如果你之前选择了纸张，那么你现在可能会重新考虑一下。考虑到你在这个关于纸袋和塑料袋的讨论中投入的情绪水平较低，根据你刚刚获得的新知识，你很容易就会更新自己的信念体系。接下来，让我们尝试一个更情绪化的实验主题——枪支管制。

“关于枪支管制的法律应该更加严格。”

无论是否同意上面的说法，与关于纸袋和塑料袋的讨论相比，你都可能会对这个话题更感兴趣。当你准备进行一个更有意义的讨论，并准备捍卫你根深蒂固的那些信念时，你甚至可能已经注意到自己的呼吸、姿势或想法上发生了一些变化。请思考以下关于枪

① 1磅≈0.453 6千克。——编者注

支管制的观点，它们也来自 YANSS 的播客，思考一下它将如何影响你：

- 在犯罪过程中使用的枪支 98% 都是偷来的。
- 每年有超过 10 万人成功使用枪支自卫。
- 9/10 的枪支拥有者会在不开枪的情况下进行自卫。
- 自 1980 年以来，每年淹死的人比被人意外射杀的人还要多。
- 每年被厨房菜刀杀死的人是攻击性武器的 10 倍。

需要明确的是，我可以列出一系列事实来支持更严格的枪支管制政策，但这并不是重点。关键是要观察你在听到符合或不符合你根深蒂固的信念的那些信息时的反应。

如果你以前是纸袋阵营中的一员并且接收到了质疑这种观点的信息，那么你可能会修正自己的信念，但不会特别焦虑。但是，如果你赞成更严格的枪支管制，并且听说有人引用上述数据，那么你的反应可能会大不相同。研究表明，当我们所珍视的信念受到挑战时，我们往往会更加坚定自己的信念。

李·罗斯和克雷格·安德森完成了一系列实验，他们使用了一种被称为“任务汇报范式”的结构来测试人们对新信息的抗拒程度。[31] 受试者在这些研究中查阅某一种观点的虚假证据，紧接着，他们的态度变化被测量，直到虚假信息被详细揭露。然后对他们的态度进行测量，以探究这个事后揭穿的观点残留的影响。尽管他们详尽地了解了最初的证据完全是虚构的，但即便是在一次完整的报告之后，残留的错误信念仍然存在。斯坦福大学有一项类似的研究，让学生阅读自杀者的遗书，并从遗书中判断这个人是否会真的结束自己的生命。一些学生被告知，他们在区分自杀未遂者与自杀成功者方面极具天赋；而另一些学生则被告知，他们根本不擅长做出这样的预测。此时唯一的问题是，整个任务都是一个诡计。

那些被告知自己几乎总是正确的学生其实在这项任务上并不比其他人更有天赋。在研究的第二部分中，欺骗被揭露，受试者被告知研究的真正目的是衡量他们在认为自己正确或错误时的反应。然后，他们要根据这些新信息对自己在任务中的实际表现进行评分，随后奇怪的事情发生了。那些收到假消息、认为自己很有天赋的学生坚持认为自己比一般人在这方面更有天赋，而那些在第一轮测试中成绩很差的学生仍然坚持认为自己做得很差。不管是对是错，一个想法一旦生根发芽，就很难被根除。

这种信念在面对相互矛盾的证据时会有更强的趋势，被称为“逆火效应”，当所提供的信息模棱两可或不清楚时，这种效应就更加明显。斯坦福大学的另一项研究向受试者展示了一张纸，上面列出了支持死刑和反对死刑的证据，展示了他们对死刑的强烈感受。在接受调查的人中，有 23% 的人表示，在阅读了这份文件后，他们的观点变得更加极端，所有改变观点的人都朝着他们之前本来就有的倾向前进。

泰伯和洛奇进行了一项类似的研究，要求那些对某些话题有强烈看法的人阅读这些话题正反双方的论据材料。那些先前具有最强烈的情感和明确的倾向的人，在他们现存信仰的方向上表现出更强的两极分化性。当面对挑战自己已有信仰的信念时，激进者会变得更加激进。

当你站在体重秤上，看到自己的体重时，你很开心，接下来你会怎么做？十有八九你会立刻停止健康运动，开始新的一天，并确信你已经达到了减肥的目标。但是当你站在秤上，为体重而担忧的时候，你会怎么做呢？此时，你可能会再次站回秤上，努力让自己不要靠秤太紧，也不要给秤过度的压力。当你拿到一份健康的检查报告时，你会快步离开医生的办公室，当你得到一个可怕的诊断时，你会产生怀疑，反复检查。我们习惯于在表面上接受自我肯定的事实，对任何冒犯我们的事情都深表怀疑。

由于深深意识到自我的负面影响，一些投资公司指定了一个专门的“魔鬼代言人”来挑战投资组合经理的想法。但是，对那些批评接种疫苗的人的一项研究表明，当这些人面对与他们的非科学观点不一致的事实时，他们实际上会更加坚定自己错误的立场。行为投资者意识到，纠正错误的想法几乎是不可能的，所以设计一个预防虚假信息的系统才是一个更好的路径。

在投资中最常被忽视的短语

不知道未知世界的痛苦的人，就不会有发现世界的快乐。

——克洛德·贝尔纳

约翰·坦普尔顿爵士有一句名言，投资中最昂贵的字眼是“这次时代不同了”。毕竟，从爵士时代（这之后发生了大萧条）的过度行为，到互联网泡沫的天文估值，这一切都归咎于这种新时代思维。当如盈利能力这种可靠的指标和销售增长让位给“份额”和“网站流量”的时候，我们就离灾难不远了。但如果说“这次时代不同了”是投资中最昂贵的短语，那么我愿意提名“我不懂”为投资中最容易被人忽视的短语，“我错了”紧随其后。通常情况下，这些信念在投资环境中的有用性与它们在行为中实施的困难程度相关。对不确定性的接受和对个人是错误的信念恰恰是很有用的，因为它们对人类来说做到位是如此艰难。

奇怪的是，许多最有效的投资策略的核心都有“我不懂”的因素蕴含其中。被动投资就是“我不懂”类型投资的一种体现；你如果不确定什么是好的，什么是不好的，就在市场上买入市场大盘吧。很大程度上来说，正是因为这种谦卑的态度，在你愿意考虑的任何时间范围内，被动型投资工具都会击败主动型基金。只要看看 SPIVA（积极管理型基金业绩）记分卡的结果就知道了，这是一项主动型与被动型基金经理的比较方法。在 5 年和 10 年的时间里，分别有 88.65% 和 82.07% 的大盘股投资基金经理被被动管理的投资方式打败了。（这还不包括他们的费用！）小盘股通常被认为是定价效率较低的，因而更有利于主动管理，但其结果同样糟糕：87.75% 的小盘股经理被被动方式打败。

投资分散化同样根植于这样一种理念：“你不可能对任何事情都有足够把握，所以你什么都得买。”这证明了承认不确定性并不一定意味着牺牲收益。事实上，广泛的分散化和再平衡调整已被证明每年可增加 0.5 个百分点的业绩，这个数字可能看起来很小，但直到你意识到它是如何在一个投资生命周期中复利增长的时候，你才会觉得大不一样。

要证明分散化和再平衡的有效性，可以看看《常识带来财富》（*A*

Wealth of Common Sense）中提到的欧洲、太平洋和美国股市的例子。1970—2014 年的各地区股市的年化收益如下：

- 欧洲股市——10.5%
- 太平洋股市——9.5%
- 美国股市——10.4%

这三者有类似的收益，但当这三个市场为了保持一致的投资组合构成，在每年年底合并、等权重化、再平衡处理后，我们看看会发生什么。投资组合在这段时间里的平均年化收益率为 10.8%，比任何一个单独的部分都要高，这简直就是一个分散化的奇迹！对于不知情的人来说还不错。

尽管“我不懂”类型的投资很有效，但它仍然是一种未被充分利用的方法。它源于我们对个人能力的深层需求，即使面对令人信服的证据，我们的这种需求也难以消除。

我不懂

追求确定性是理解风险的最大障碍。

——格尔德·吉仁泽

恐高症（也被称为“飞行恐惧症”，即 aerophobia）是一种对乘坐飞机或直升机的恐惧，估计有 15% 的乘客会受到各种形式的飞行恐惧症的影响。害怕坐飞机这件事对任何人都没有好处，对名人也有负面影响，比如说唱歌手 KRS-One、橄榄球教练约翰·马登、鼓手特拉维斯·巴克（来自 Blink-182 乐队）。尽管我们大部分人害怕坐飞机，认为它不一定是最安全的，但是飞机仍然是目前最安全的旅行方式之一。美国国家旅行安全委员会 2014 年的统计数据显示，一年中没有一人在商业航班中丧生，[32] 而同期的普通交通事故死亡人数为 3.83 万人，受伤人数为 440 万人。也就是说假设你每年飞行一次，那么你自己驾车行驶 12 英里[①] 的受伤风险就会超过飞行！考虑到大多数美国人每年大约开车 1.2 万英里，这些数字的差距真是大得可笑。

但空中旅行的安全性并非一直如同现在一样优越出众，这些改进在很大程度上要归功于我们承认了“我不懂”以及“我错了”。航空业已经接受了简单却强大的最佳安全措施检验，比如对飞行前检查清单和系统思考有着虔诚的依赖，这可以让飞行员、机械师、空中交通管制员、监管者和航空公司一起讨论过去的错误，可以让他们共同思考如何在未来更好地为飞行中的乘客服务。

让人震惊的是，这种承诺并不会在一个你非常期待而且理应付出承诺的地方发生，这就是医院。正如格尔德·吉仁泽在《风险认知》中谈及医院时所说：“像在航空领域一样可以从重大错误中学习、改进的国家级别的系统，极少存在。”[33] 医学研究所估计，每年约有 4.4 万 ~9.8 万名患者死于可预防的医疗事故，其最大原因就在于此。没错，在美国，医院导致的死亡人数可能是车祸的两倍，医疗事故是第三大死亡原因，仅次于心脏病和癌症！在资本市场，

---

① 1 英里≈ 1.609 千米。——编者注

我们为自己的傲慢付出了高昂的代价。在医院里，这些债务却是用病人的生命来偿还的。

在我们寻求确定性的过程中，有一个反常的怪癖：事件越随机，我们就变得越确定。贾森·茨威格分享说，在一项模棱两可的研究中，受试者报告说，他们准确判断一幅画是出自亚洲儿童之手还是欧洲儿童之手的概率可达68%。同样，报告称大学生有66%的确定性认为他们可以说出美国哪个州的毕业率最高。在这两种情况下，实际结果都等于或低于随机猜测水平。有一个相关的概念，也许是所有心理学概念中我最喜欢的，就是众所周知的邓宁－克鲁格效应。康奈尔大学的戴维·邓宁和贾斯廷·克鲁格轻描淡写地介绍了他们的发现：愚蠢的人真是太愚蠢了，甚至不知道自己有多愚蠢。[34] 他们对这个问题的调查受到了麦克阿瑟·惠勒一案的启发。这位银行抢劫犯试图用柠檬汁遮住自己的脸来伪装自己的身份。麦克阿瑟意识到柠檬汁可以被用作隐形墨水，所以推断它也会使他的脸隐形。通过研究这个愚蠢的人和其他与他类似的人，邓宁和克鲁格发现确凿的结论：不称职的人不会意识到自己缺乏技能，也很难衡量别人的技能水平。

总结一下，医生和投资顾问都有专业的知识和很高的声望，这使得他们很难依赖于一些平庸的东西，比如一份清单或者一些谦虚的话，比如“我不知道”。另一方面，那些知识有限的人，往往会因为自己能力不足而夸大自己的能力。在一堆乱七八糟的东西上面放一颗樱桃，情况越随机，我们对结果就越肯定。不管我们是聪明的还是愚蠢的，是年轻人还是老年人，是专家还是新手，我们都会在与不确定性斗争和承认错误的过程中反复修炼。

非凡的平庸者

威拉德·范奥曼·奎因是哈佛大学的逻辑学家、哲学家和教授。他是 20 世纪最具影响力的哲学家之一，并因他对办公室电脑的一次不同寻常的改造而闻名——他去掉了键盘上的问号键，他本人表示："我处理的是确定性。"虽然奎恩教授的举动滑稽且浮夸，但这是指导我们大多数人如何生活的一个很好的隐喻。我们视自己为宇宙的中心，夸大积极事件发生的可能性，同时把危险的事情委托给别人。正是这种倾向让我们起床迎接早晨，让我们有勇气在酒吧和有魅力的人交谈，并鼓励我们开餐馆做生意，这两者都不是纯粹的概率意义上的理性。

但是，在这种熟悉的日常重复之下，在生活的其他方面为我们服务得很好的改变和适应并不适合投资者的需求。成为行为投资者意味着需要以一种与之前完全不同的方式审视这个世界，把我们自己当作一幅超级大的挂毯上的一个微不足道的部分，而且没有任何特殊的天赋、知识或运气。这意味着需要承认我们是普通人，只是个普通人。

但是，承认自己平庸的矛盾之处在于，从最严格的意义上说，是它让我们与众不同。这不是关于相信自己的问题——事实上恰恰相反，而是它要让人意识到，你越不刻意变得特别，你就会越特别。正如投资者、作家詹姆斯·P. 奥肖内西在《华尔街股市投资经典》一书中所说："成功投资的关键是要认识到，我们和下一个人一样，都容易受到严重的行为偏差的影响。"如果我们不去如此费神、过度用力，那么所有人都能获得卓越的投资成果。

本章重要观点

- 对于投资者来说，“相信自己”是个相当糟糕的建议。
- 你倾向于寻找那些能够证明自己已经相信了的信息。
- 你会为自己做出的决定拍手称快。
- 我们会对自己珍视的信念做出激烈的回应，甚至会加倍回应。
- “我不知道”这个短语，即使很少说出口，也是很值得思考和利用的。
- 非常矛盾的是，情况越模糊，我们就变得越确定。
- 如果你对一个投资想法充满了热情，那么可能是因为你还没有好好地了解它。

第 5 章

保守主义

只有在失去一切之后，我们才能自由地做任何事情。

——恰克·帕拉尼克，《搏击俱乐部》

几年前，德国某个小镇出现了一个前所未有的机会——一个彻底改造自己的机会。这个小镇坐落在联邦德国一个非常重要的宝贵矿藏之上。为了开采褐煤，该镇的大片地区需要被夷为平地，但作为回报，政府提议将来可以按照镇上居民期待的任何规格来重建小镇。

政府觉得拆除这个小镇的决定很合时宜，一部分原因是它真没什么值得一提的。小镇是在几代的时间里随意发展起来的，弯弯曲曲地分布在一条让人难以行走的蜿蜒小路旁，既不实用也不美观。当被要求提出一个完全由政府提供资金的新城镇计划时，镇民们制订了一个计划，你猜对了，它看起来与这个即将被摧毁的丑陋小村庄几乎一模一样。

只要有机会成为自己想成为的人，人们会很自然地倾向于成为自己之前一直以来的那个样子。这一普遍倾向优先考虑了同质化而非变化，这解释了许多人类行为，也是我们投资者行为的第二个支柱——保守主义。

你熟悉的魔鬼

今年，大约有 1 000 人死于酒后驾车事故。有 1/3 的人一生中会遭遇与酒精有关的撞车事故。大多数（55%）的家庭暴力发生在酗酒者的家中。

虽然我们都很熟悉酒精滥用的危害，但上面的数据仍然让人难以相信。考虑到饮酒过量造成的伤害，很自然地，那些年轻时饱受酒精负面影响的人，在成年后努力避免酗酒。但为什么有 50% 的酗酒者的孩子仍会和酗酒者结婚呢?

有许多起作用的心理变量可以解释为什么这种倾向让人更喜欢“我们熟悉的魔鬼”。其中一个原因是，同性让人感到安慰。人们想知道他们即将面对的是什么——即使是无聊的、糟糕的或没有成就感的事情。研究疼痛的科研人员发现，预期中的疼痛比意外疼痛的破坏性要小得多，即便疼痛刺激的强度完全相同。正如科特·柯本所唱的那样:“我怀念悲伤带来的安慰。”

保守主义还受到一种自然倾向的支持，即人们总是有避免后悔的倾向，总觉得我们拥有的东西比没有的东西更有价值，对损失的恐惧多于对收获的追求。无论它具体的心理基础是什么，我们自然状态下的保守主义的陷阱都是普遍存在的，它让我们停滞不前。在投资环境中，从持有差资产太久，到未能实现再平衡，再到配置到风险资产下，一直到更为普遍的瘫痪状态，这一切都可能发生。

改变需要我们克服很多心理上的困难——认知之上的努力、适应、潜在的遗憾和损失，但它们对于成为行为投资者来说也是非常重要的。在生活和金融市场中，变化才是唯一永恒不变的。

困难的思考

猜想一下，你一天总共要做多少个决定？现在花一秒，在脑海中想象你的一天，然后大胆地猜一猜吧。回答我这个问题的大多数人的答案一般都是 100 左右，但这数字差太远了——试想一下，真正的答案是 35 000！[35]

没错，你每天要做 35 000 个决定。

决策的经典模型涉及两种类型的选择——确定型（已知的一组具有给定结果的备选方案）和不确定型（与确定型恰恰相反）。从理论上讲，在确定的条件下做出的决策包括了对已知的备选方案进行排序并选择最心仪的方案，这个非常简单。不确定的决策则基于类似的理论，唯一的纠结的是主观概率被分配到不同的结果的可能性。因此，决策者会根据某个选择发生的可能性来衡量它的可取性。

在你考虑到我们每天所做的大量决定之前，这些都是不错的主意，而且也有一定道理。当你考虑到自己每年要做 12 775 000 个决定时，如果你认为每个决定都是通过权衡其概率效用后做出的，那么这绝对会让人感觉匪夷所思。要做这么多决定听起来使人疲惫不堪，事实上，研究也证实了这一点。这也让我们不成比例地坚持着自己一直熟悉的东西。

萨缪尔森和泽克豪泽在他们的论文《决策中的现状偏差》（*Status Quo Bias In Decision Making*）中发现，经典的决策模型大大低估了我们对目前已经在做的事情的坚持程度。两位研究者发现，在考虑诸如选举投票、商业决策、选择医疗保险和管理退休账户等各种各样的决策时，我们绝大多数人都默认了现状。

他们用一个现任政治家与挑战者相互较量的比喻来说明这种趋势的力量。他们是这样说的："根据我们的实验结果推断，现任总统将以 59% 比 41% 的优势赢得选举。相反，如果一个候选人在中立的情况下只获得了 39% 的选票，那么他仍然可以以微弱优势赢得选举。"[36] 我认为选民在做出选择时应该对政治家上任后的利弊冷静地做出权衡。通常情况下，他们会为已经在座的那个人拉下投票的操纵杆。

康奈尔大学的万辛克和索巴尔发现，就像人每天面对 200 多种食物需要做出决定一样，我们也同样受到保守主义的影响。[37] 在他们的第一项研究中，教授们调查了受试者对于食物做出选择的意识。在他们的研究中，139 名受试者低估了可选择食物的数量，平均有 221 种选择！它证明了我们在多大程度上处于自动驾驶的状态，在完全无意识的状态下做出抉择。他们的第二项研究观察了那些由于"默认环境因素"（如一个大碗）而过量饮食的人。当被问及为什么他们会吃得太多时，几乎没有人将其归结于当下的默认状态。21% 的受试者否认自己吃得过多，75% 的人则认为是饥饿造成的，只有 4% 的人认为是自己把碗装满了，因为那里只有一个大碗。

放在奈飞列表中的艺术片和纪录片，你永远没有时间看，这是有原因的——你的大脑早已疲惫不堪。在漫长的一天工作之后，你想要的是迈克尔·贝，而不是拉尔斯·冯·特里尔。你每天都要面对数量惊人的选项并做出决定。

根据这一观点，爱德华兹于 1968 年发现，我们的大脑早已疲惫不堪，这意味着我们无法理性地更新我们的观念。"相关证据越有用，实际情况下的信息更新和理性中的信息更新之间的差距就越大。”[38]停顿片刻，思考一下这个说法是多么令人难以置信。重要的信息必然是难以消化的。我们的心理疲劳让我们把相关的新信息搁置在一边，而去依赖自己熟悉的、质量堪忧的心理路径。

正如前面提到的，你的大脑是身体中新陈代谢最慢的部分，人类保存能量的一种方式就是保持默认状态。你不会去计算早上需要多少谷物来补充能量，你需要做的只是用麦片把碗装满。你无须创建一个电子表格来比较公司退休保障选择的利弊，你只需要按照你过去 5 年的选择来做就可以了。你不是在把你的投资组合进行再平衡调整，而是让它顺其自然。

保守主义是生活的一个事实，它的存在在很大程度上是因为人的决策能力已经达到了极限。它没有好坏之分，它就是那样。正如我们在后面章节中将要讨论的，有一些非常实际的方法可以让这种观念架构对你自己有利。

不作为意味着永远无须说抱歉

想象一下，家里只有你和孩子，孩子睡在婴儿床里。此时你有一件紧急的事情要办，这件事在时间上很紧迫，但做起来应该很快，比如要花 15 分钟。你是准备把孩子叫醒，带她一起去工作，还是先让她在婴儿床里睡着再去工作，即使她会中途醒来？大多数人（包括我自己）都会下意识地说，他们会因为一个非常具体的事由去叫醒孩子，并带她一起出门。人都会厌恶后悔。如果在你工作的过程中，房子着火了或者房子里面的孩子被抢走了，那么你的内疚感将会让人无法承受。当然，所有这些都忽略了在各种情况下伤害发生在孩子身上的可能性。家庭火灾是极其罕见的，一个熟睡在婴儿床里的孩子在未来 15 分钟内受到伤害的可能性也是微乎其微的。另一方面，车祸却很常见，你一路带着孩子在外出工作时受到伤害的风险也是真实存在的。我们设想中的没有保护好一个留在家里的孩子的情况带来的伤心和遗憾，确实要比车祸死亡的统计数字更加突出和生动。生动的故事可以点燃人的意识，而沉闷的概率却让人入睡，所以我们会选择带着孩子一起上路。

卡尼曼和特韦尔斯基说，我们之所以会产生这种错误的想法，是因为“人们会对新行为导致的不良后果而非不作为导致的类似不良后果感到更后悔”。[39] 行动会引发人的罪恶感，而为不确定的结果承担责任更是难以下咽的苦果。如果投资者 A 在股市下跌 20% 之前对其投资组合做出重大调整，而投资者 B 最近并没有调整他自己的投资组合，那么在其他条件相同的情况下，A 的感觉将比可能遭受类似损失的投资者 B 更糟。投资者 A 会产生更大的责任感，而这种责任感让人心疼。无为是一种后悔厌恶的方式，这一概念被我的第一位心理治疗客户以一种令人难忘的方式带回我的脑海中，这里我先将她称为布鲁克。

虽然我在整个职业生涯中都将行为原则应用于金融领域，但我的博士学位是临床心理学。作为博士项目的一个组成部分，我被安排为处于危机中的客户们提供数千小时的咨询服务，后来，这一技能在与恐慌的投资者的交谈中确实被证明是无价的。我的第一位客户布鲁克在走进我的办公室时，手里拿着 6 个信封，并立刻把它们放在我面前的桌子上，说道：“我有个问题……”布鲁克很有魅力，穿着得体、口齿伶俐，而且当时我从她的档案中了解到她是一名非常出色的学生。坦率地讲，我无法想象什么事情会困扰一个如此沉着镇定的人。

随着咨询的进行，布鲁克开始详细解释她的问题，而我则尽最大努力让自己看起来不像个受到惊吓的新手。布鲁克是一名有抱负的科学家，她曾申请过许多著名的博士项目，而且所有的项目都得到了回复——这就是我一开始收到的那6封信。很小的时候她就梦想成为一名科学家，为了能被一所好大学录取，她在高中阶段一直认真地准备，大学期间，她一直是一名勤奋的学生。她所做的一切都是为了眼前这一刻！

信已经收到了，她……什么都没做。她之前花了那么多时间和精力就是在为这一刻做准备，她一想到自己能否真的被录取，就会感到不知所措。随着报名截止日期的临近，她不得不面对自己的恐惧，打开信封并采取行动，但她已经不敢面对了。一想到自己付出了这么多努力换来的结果会被人拒绝，她就受不了。

整个过程，我都感觉一团糟。我的任何一本教科书都未曾涉及布鲁克提出的这种担忧，面对这样一个看似情绪稳定但是举动如此反复无常的人，我感到非常困惑。我清楚地记得自己在字里行间摸索，实际上在某个时刻放下了我手头的文件材料，而且感觉到它们几乎无法派上用场。书里告诉我不要直接提出建议，而是要提出一些尖锐的问题，来帮助病人找到自己的解决办法。真是说起来容易，做起来难。

我对自己无法引导她朝好的方向进展而感到万分沮丧，最后我忍不住脱口而出："在我看来，害怕冒险将不可避免地带来更多让你真正害怕的东西。”这话说得不好听，却很管用。布鲁克和我那天都意识到，我们已经尽了最大努力去应对不确定性，有时会带来些许失望——这是现实，不论在投资还是生活中都一样。布鲁克不理智地担心着，担心自己如果采取行动，就会感到后悔。但更讽刺的是，她的不作为差点儿让她害怕的事情不可避免地发生。

和布鲁克一样，许多投资者选择鸵鸟式的投资方式，把头埋在沙子里，希望不会发生什么糟糕的事情。尽管这种自我满足的冲动是可以理解的，但它带来糟糕的财务结果的刺痛感却丝毫不会减轻。

合成幸福

行动过于保守还有另一种方式，它是根植于我们自身的一种倾向，我们重视我们所拥有的或我们所做过的，而不是我们没有的或没做过的。思考一下之前的自由选择范式实验，受试者需要选择一幅他们没有特别偏好的画，但同时仅仅因为他们对这幅画的占有而产生了对这幅画的偏爱。丹尼尔·吉尔伯特称这个过程为“合成幸福”，它在现实世界中有很多积极的应用。对配偶的非理性偏爱和不切实际的高度评价对社会稳定具有积极意义，但如果我们可以原谅真爱的盲目，就不应该在做投资决定时如此通融。好的婚姻是建立在对世界的不完美的宽容和容忍之上的。好的投资基于清晰的决策，并且它是完全建立在价值利益之上的买卖行为。

喜欢你当下拥有的事物的这种倾向被称为禀赋效应。这种效应的存在已经在数百次实验中得到了证实，但从未像安·兰德的小说《源泉》中那样被描述得这样美丽。在书中，维南用一种很容易引起共鸣的方式描述了这种影响:“我是世界上占有欲极强的这一类人。我做过一些事情。我从廉价商店的柜台上拿起一个烟灰缸，付了钱，然后把它放进我的口袋——它就变成了一个特殊的烟灰缸，不像地球上其他任何的烟灰缸，因为这个烟灰缸是我自己的。”就像这本书中讨论的许多概念一样，禀赋效应也表现出了深刻的进化显著性。目前已经在三种不同的灵长目动物身上观察到这种现象，而且已经证明，当涉及维持生命的需求（如食物）时，这种现象比涉及简单的欲望（如玩具）时更强烈。

关于禀赋效应的最著名的研究是在康奈尔大学进行的，实验用了巧克力棒和咖啡杯这两样东西。它们的市场价值差不多，分别被分配给了喜欢它们的学生，而学生喜爱两种的物品的程度也大致相当。大约一半的学生更喜欢咖啡杯，大约一半的学生更想要巧克力棒。这两类物品被随机分发，随后实验允许学生们相互交换他们最初挑选的更加喜欢的物品。考虑到这些物品是随机发放的，可以假设大约有一半的学生收到了他们不喜欢的物品，并会相应地交换。实验研究观察到的结果是，只有 10% 的受试者进行了交换。他们最初可能更喜欢其中一件物品，但一旦其中一件成为他们自己的，当下所拥有的物品对他们来说就变得有价值了。

这在投资上的意义也是很清晰的；我们倾向于高估我们拥有的，低估我们没有的。即便是专业交易员也倾向于不出售他们目前已持有的投资，尽管在许多情况下他们也承认，如果要求重新开始，那么他们并不会购买现在持有的这些有问题的股票。

从某种角度来看，我们倾向于高估自己所关心的物理对象的价值，这其实是有道理的，但这也延伸到了我们评估关于如何消耗时间和花费金钱的决策的方式。在残酷的挣扎中，我们耗费在一个决策上的时间越长，注意力越多，我们对正确事物的判断就会越扭曲。众所周知，这种“沉没成本谬误”（sunk cost fallacy）意味着，在一个决策中，过去投入的资源越多，在后续决策中继续承诺投入的倾向就越大。一个平时从未去过健身房的会员可能不会主动取消他的月度会员费，因为这样做意味着所有开销都将被浪费。开心农场游戏成瘾者每天可能会花上几个小时，忽视现实生活中的责任而去照料数字作物，放弃往往意味着之前投入在开心农场的数百小时的精力付之一炬。

如果这种现象的影响仅限于数字作物和电视迷，那么它只会是心理学教科书上简单介绍的内容，但历史上有很多例子表明，着眼于沉没成本做出的决定会产生巨大的影响。萨缪尔森和泽克豪泽在《决策中的现状偏差》中分享了以下观点：

- 蒂顿大坝最终决堤，导致两个人和13 000头牛死亡，人们知道它在建设过程中曾出现问题。但是这些缺陷被政府忽略了，为了完成任务，政府坚持向前推进项目。
- 在数百万纳税人资金的帮助下，洛克希德公司选择继续制造那个从未盈利的L-1011飞机，以试图证明过去的研发努力是正确的。
- 美国在人力和财力上的巨大投入被视为越南战争背后的推动力，这场战争实际持续的时间远远超过了它理应持续的时间。
- 在曼哈顿计划上花掉的数十亿美元，被认为是杜鲁门决定在二战中对日本使用原子弹武器的原因之一。如果这些炸弹没有被用来结束战争，那么投入项目的资源就可能让人觉得是一种浪费。

虽然看似没有上述提到的例子那么重要，但投资经理在做买卖决策时，通常会陷入沉没成本的谬误。请你思考这种看似合理的冲动，你总会希望你的投资经理亲自考察潜在的投资目标。

首先，你会对整个事件抱有一种乐观偏差，因为没有投资者会审查连他自己都认为不值得的交易。一旦沉没成本开始累积，分析师和基金经理就会对会议结果的正确性抱有一种固有的偏见。毕竟，如果尽职调查结果让人失望，那么这次旅行和投入的所有时间将变得徒劳无功。你知道给私人飞机加一次油有多贵吗?

其次，从被现场调查的人那里直接得到答案，这些人显然会尽其所能展现出最好的一面，同时也会受到关于他们自身生存能力的潜意识偏差的影响。在对杜克首席财务官乐观调查数据进行研究后，格雷厄姆和哈维发现，近 90% 的科技公司的首席财务官认为，他们的股票在接近科技泡沫顶峰时被低估了。每个人都认为他们自己的孩子——和他们自己的事业——要比其他所有人的更加可爱，不管这在统计学上是多么荒谬。作为过度自信的结果，可以确信的是管理层的确是在误导你，即使他们并没有意识到！最后，我们有一种能力可以判断一个人是否对我们诚实。

尽管对于公司管理层的现场尽职调查具有常识意义上的吸引力，但实际上它不过是一种成本高昂的无谓之举，会让基金经理徒增错误的信心，同时也增加了遮蔽正确决策的沉没成本。

马里兰大学一项让人充满希望的最新研究表明，经验可能会减轻禀赋效应的影响。约翰·李斯特观察到，经验丰富的体育纪念品交易商比那些资历较浅的同行更不容易受到保守主义的影响。新手倾向于高估自己所持股票的价值，买卖动作缓慢，而更有经验的交易员则会根据个人情况来评估交易，从而做出冷静的决定，不太容易受到禀赋效应的影响。如果说想要紧紧抓住我们所拥有的东西是人类的天性，那么，面对更好的选择，只要有了足够的经验，我们就能改掉这个习惯，这确实令人欢欣鼓舞。

我不能，我不能，我不能忍受失败

通往保守主义的道路有很多——避免后悔、将我们拥有的事物特权化、考虑沉没成本——但所有这些道路的核心都反映了我们对损失的厌恶。后悔厌恶从根本上讲是为了避免感知能力的丧失。禀赋效应是一种进化后的圈地行为，旨在防止我们被别人利用。而沉没成本谬误的根源在于我们对时间和资源浪费的担心。似乎所有通往保守主义的道路都要经历损失厌恶的某种形式。

这可能是行为金融学最广为传播的一个发现：我们对风险和收益的偏好是不对称的，我们更关心的是避免损失，而不是获得收益。人们对这一现象背后的脑科学原理知之甚少。根据《科学美国人》的报道，拉塞尔·波德拉克博士和他的同事们发现："……当我们评估一个潜在的损失时，大脑中处理价值和奖励的区域可能会被抑制，而当我们评估一个类似规模的收益时，它们则会被激活。”损失厌恶既是一种生理概念，也是一种心理概念。波德拉克博士发现，人在获得奖励时，大脑的奖励回路会变得更加活跃，但对于潜在损失的反应会更加强烈——研究人员将其称为“神经损失厌恶”。[40]对损失的恐惧和伴随着恐惧而来的行为麻痹有着深厚的生物学根源，但如果我们要挖掘自己作为人或者一个投资者的真正潜力，就必须动摇这种根基。

想想你曾做过的最有意义的事情。我敢打赌，这需要承担一定的风险、不确定性，并付出艰苦卓绝的努力才能实现。在这方面，与其他一切风险一样，我们都能得到一个宝贵的教训：争取确定性就是注定要把自己变得平庸。没有什么比小心行事更危险的了，试图避免损失往往更容易让人遭受损失。想想那些一直保持单身的人，他们避免了心痛的风险，却也体会到了孤独。想想那些一心想要成为企业家的人，他们从不迈向自己的信仰，却把一生的职业生涯浪费在自己讨厌的工作上。想想那些因为害怕资产波动而陷入麻痹无力感的投资者，他们往往在退休时才发现退休资金不能满足生活需求。确实，强迫性的损失厌恶的讽刺性在于，最让人担心的恐惧在我们试图控制它的过程中往往变成了现实。

熟悉中的甜味

就像 20 世纪 80 年代的许多孩子一样，我对苏打水战争还留有强烈的记忆。因为厌倦了软饮料界的弃子的身份，百事可乐播放了一系列广告，让可口可乐和百事可乐得以在一次盲品测试中正面交锋。让百事可乐（令大多数盲品测试人员大为惊讶）开心的是，从这些盲品测试的结果中能看出大家往往更喜欢他们的产品。百事可乐在 20 世纪 70 年代中期到 80 年代的广告活动中大肆宣传这项“科学的”研究成果。当然这是有道理的，即使只有略多于一半的人喜欢一种软饮料胜过另一种，这种受欢迎的饮料比起另一种也会有销售方面的优势。然而，就在我撰写这本书时，可口可乐在美国软饮料市场的比重为 17%。所占市场份额约为百事可乐的两倍。健怡可乐的市场份额为 9.6%，而百事无糖可乐的市场份额仅为 4.9%。

造成这种差异的原因有很多（例如，百事可乐的味道更甜，在测试中的表现要好，但是在喝完整罐的过程中人们可能会感到乏味），但是，口味偏好和购买行为之间的巨大分歧似乎可以归因于保守主义。可口可乐在市场上领先百事可乐 12 年，在品牌建设方面取得的成就堪称奇迹。可口可乐最先开始使用生活方式广告，已经以一种前所未有的方式将自己融入了美国人的生活。很难想象还能有哪个品牌能比可口可乐更广为人知。结果呢？尽管在挑战中表现出来的结果不尽如人意，但可口可乐基本没有受到百事可乐挑战事件的影响。百事可乐希望喝软饮料的人可以根据自己理性层面的口味偏好做出改变，但可口可乐让人们意识到，没有什么比真实的熟悉感喝起来更加美味，进而赢得了比赛的胜利。[41]

本章重要观点

- 思考是一项在新陈代谢方面极具消耗性的工作——我们每天

要做出成千上万个决定。

- 最好的信息也是最难吸收的，因为它通常是通过数学或复杂思想表达出来的。
- 在结果相同的情况下，行动比按兵不动更容易让人有后悔的感受。
- 我们通过不断做出选择和诋毁未选道路来合成自己的幸福感（却无法从失败中吸取教训）。
- 我们会立即为自己已拥有的东西赋予更高的价值感。
- 强调沉没成本会让我们更加追求事情的完整性而非其质量。

第 6 章
注意力

一次谋杀造就一个恶棍，百万次谋杀则造就一个英雄。数字成就了一个圣洁的人。

——查理 · 卓别林，饰演亨利 · 韦度

请立刻说出所有以字母 K 开头的单词。是的，我是认真的。请花一点儿时间，列出一个最完整的清单。

你能想出多少个单词？现在，列出所有可以想到的第三个字母是 K 的单词。 这次你可以列出几个？

毫无疑问，你发现列出以 K 开头的单词更容易。但是你知道吗，第三个字母是 K 的单词的数量是以 K 开头的单词的数量的三倍？如果这是真的，那么为什么列出以 K 开头的单词会更容易呢？

事实证明，大脑的检索过程远非完美，而且许多认知上的怪癖会影响我们回忆信息的能力。心理学家将这种记忆检索机制中的易错性称为“可得性启发法”（availability heuristic），简单地说，我们对事件发生的可能性的预测基于我们在头脑中唤起该事件的难易程度，而不是基于事件发生的概率有多大。

卡尼曼和特韦尔斯基在他们 1973 年的论文中首次观察到这种效应，他们指出，如果有一些不同于背景信息或过去的状态的特征，那么信息信号会是显著的（难忘的）。因此，我们对于极其普通的事物（由于重复发生）和特别奇怪的东西都有很好的记忆力。行为经济学家罗伯特·席勒认为，互联网的普及使投资者在互联网泡沫时期更容易将互联网股票的价格推至一个空前的高位。万维网有用性的证据随处可见，这让人们非常容易对互联网如何改变范式做出一些内在的描述。同样，我们看到像大萧条这样的“黑天鹅事件”的影响在事件发生后的多年里，仍旧在公众意识中挥之不去，它们是不寻常的事件，而且影响深远。

不幸的是，当我们试图衡量不同生活和投资方式的风险时，可得性启发法的缺陷也在起作用。

故事的力量

注意力支柱发生作用的基本前提是，我们会做出对成功概率不敏感的判断，其原因是我们依赖的是生动的信息，而不是那些真实准确的信息。马萨诸塞大学的研究人员利用不起眼的软心糖豆，有力地证明了，相对于数据的结果我们更倾向于依赖显著性结果。让我们一起来玩个游戏，但与最初的实验使用的语言可能略有不同。

想象一下，你的任务是在蒙上眼睛的情况下，从两个碗中的其中一个里面拿出一个软糖。如果你拿到的是一个白色的软心糖豆，那将意味着你什么也得不到（除了手上这个美味的白色软心糖豆），但是如果你拿到的是一个红色的软心糖豆，你就会得到 100 美元。第一个碗里有 9 个白色和 1 个红色的，第二个碗里有 91 个白色的和 9 个红色的。你从哪个碗中拿出软糖赢得 100 美元的机会更大？我们退一步来看，选择第一个碗里的软糖，有 10% 的成功概率，而选择第二个碗只有 9% 的获胜概率——所以第一个碗是理性的选择。但是如果你和大多数人一样，觉得第一碗并不是最好的选择，那么，即便是停下来计算一番，你也会觉得第二个碗更有可能赚钱。

是什么导致了这种恼人的感觉？为什么 2/3 的受试者在直接被告知成功概率后仍然选择第二个碗？正如一名受试者所说："我选择了有更多红色软心糖豆的碗，因为它看起来有更多的方式来让我赢得冠军，尽管我知道还有更多的白色糖豆，而且百分比也是不利于我的。"[42] 人们在故事中思考，而不是用百分比来思考，第二个碗提供了以成功告终的 9 个不同的故事情节，而第一只碗只提供了一个有着圆满结局的故事。

从耶稣到伊索，大师们把寓言作为传递信息的媒介是有原因的：因为故事经久不衰。我们可能凭直觉就能感知这一点，但普林斯顿大学的乌里·哈森通过研究讲故事和听故事的人的大脑，进一步加深了我们对故事力量的理解。哈森发现，当一个女人和一群陌生人分享一个感人的故事时，"……他们的大脑是同步的。也就是说，当这个女人的脑岛（大脑的一个情感区域）发生活动时，听故事的人的脑岛也会有活动。当她的额叶皮质被激活时，他们的额叶皮质也会活跃起来。通过简单地讲述一个故事，这个女人可以把她的观点、想法和情感植入听故事的人的大脑"。倾听和讲述一个故事不仅创造了一种共同叙事，还创造出了一个共同的身体反应。这就好像讲故事的人正在打开她的大脑，并直接把思想以其纯粹的形式移送至听众的头脑中。

讲故事绕过了我们应用于其他信息采集形式的许多关键过滤程

序，它能使一部电影让人感觉身临其境，但与此同时也会给错误信息提供一条通往大脑的超级高速公路。因此，故事是行为投资者的敌人。

要想更深入地了解故事的力量，你可以考虑一下自己愿意花多少钱买一只年代久远的、具有 20 世纪 80 年代时尚特点的、配有金属亮片的手套。我敢打赌，应该不会太多。但现在，如果我告诉你那只手套是迈克尔·杰克逊戴过的，那么你愿意出价多少？现在这个故事完全改变了你对这件物品的估价方式。对于 20 世纪 80 年代的流行服饰来说，买下来并没有什么危险，但购买股票却是一件非常危险的事。

没有什么是比 IPO（首次公开募股）投资更能充分体现叙事力量的了。首次公开募股是一种新事物，通常集中在新兴和增长的行业，而企业往往在市场极度看涨的时候上市。我认识的几乎所有投资者都经历过这样的心理故事板（mental storyboarding）：如果他们只在股票上市的第一天买进（苹果、特斯拉、亚马逊等），那么他们现在会有多少钱？叙事的力量、情感以及对错失良机的担忧，使得 IPO 对专业投资者和散户投资者都极具吸引力。

所有这些对投资 IPO 的兴奋感受是如何服务于投资大众的呢？科利亚蒂、帕莱亚里和维斯马拉在《IPO 定价：发行定价中隐含的增长率》（*IPO Pricing: Growth Rates Implied in Offer Prices*）中指出，美国 IPO 在上市后的头三年里，平均每年的表现都比市场基准低 21%。尽管表现不佳，但我们没有充分的理由去断定未来几年 IPO 的受欢迎程度会因此下降。毕竟，市场上总会有故事。

如果流血，就会有危险

如果说故事在我们的脑海中有非常强大的影响力，那么有一种叙事方式尤其强大，那就是恐怖故事。就像所有的故事一样，恐怖故事绕过了我们人类的一些关键过滤程序，但由于进化的原因，它们拥有巨大的持久力。危险和可怕的记忆之所以难以抹去，是因为它们可以帮助我们生存。好消息不会杀掉你，所以它们很快就从记忆中消失了。另一方面，从创伤性事件中学到的经验教训具有重要的进化功能，容不得犯错的余地。当我新婚不久，在夏威夷欧胡岛北岸的一所大学做教职工作的时候，我才意识到这一点。虽然我们的住处很简陋，但我和我的妻子很高兴能在人间天堂里相聚，我们渴望沉浸在当地的文化和自然美景中，直到有一次我观看了节目《鲨鱼周》。

对于外行来说，《鲨鱼周》就是探索频道推出的一部为期七天的纪录片，是一场海洋鳍状类动物和恐怖故事的狂欢。其中一段典型的内容以详细描述鲨鱼的捕食能力开始，这种能力在漫长的进化过程中不断完善，并且对一些不幸的冲浪者产生了影响。随着剧情接近尾声，叙述者通常会提出必要的请求，来欣赏一下这些高贵的动物，但这一信息却不可避免地被之前60分钟的危言耸听掩盖。

整整一个星期，我都震惊地呆坐在那里，听着那些并未被厄运吓倒的独腿冲浪者的故事（“伙计，一会记得回到冲浪板上”）以及那些侥幸逃生的涉水者的故事。在此之前，我一直是一名优秀的游泳运动员和海洋爱好者，但在那一周结束的时候，我决定不再涉足夏威夷水域。最终我的确没有。当坏消息不断传来的时候，我的心灵受到了极大的创伤，我发现自己已经没有勇气潜水，也没有勇气去做任何一个星期前还期待已久的那些活动。

事实上，鲨鱼攻击我的可能性几乎为零。我逃脱谋杀的概率（约为 1/2）、成为圣徒的概率（约为 1/2 000 万）、睡衣着火的概率（约为 1/3 000 万），都比我被鲨鱼咬伤的概率（约为 1/3 亿）大得多。我选择观看那些利用人们的恐惧来提高收视率的节目，这极大地扭曲了我对风险的认知，我的行为也随之发生了变化。我的故事很愚蠢，风险也很低，但我们倾向于过分依赖那些可怕的信息，这对我们的健康和财富都有破坏性的影响。

没有任何事件能像 2001 年 9 月 11 日的恐怖袭击那样，对一代美国人的心理状态产生如此大的影响。这次袭击夺去了数千名无辜平民的生命，也引发了程序上、政治上和军事上的一系列决定，这些决定一直影响着我们做每一件事情的方式，无论是投票还是登机。正如你所预料的那样，“9・11”事件之后，美国人坐飞机的次数开始减少了！毕竟，关于终极恐怖飞机的故事在美国人的心中仍然记忆犹新。当长达 24 个小时的新闻一遍又一遍地播放飞机撞向双子塔的视频时，许多美国公民的脑子里肯定也在上演着一个类似的心理循环。当然，以前从来没有发生过这样的事，它是一个小概率事件。但是，对于一个深受痛苦折磨的国家来说，这极小的概率并不是多大的安慰，因为这种痛苦让危险显得尤其真实。结果，越来越多的美国人开始开车，这带来了灾难性的后果。德国风险专家格尔德・吉仁泽估计，在“9・11”事件之后的一年里，开车取代飞机的出行倾向又夺去了 1 595 条生命，这个数字接近“9・11”事件死亡人数的一半。

在这里，更重要的一点是，风险管理不能与对范围和概率的考量脱钩。只有当我们能够清醒地看待风险时，我们才能有效地管理它。

故事和股票

“如果苹果IPO上市时我就买下。”这种说法的另一面是，单独购买个股是一种真正有风险的尝试。根据J. P. 摩根的数据，自1980年以来，40%的股票遭受了“灾难性的损失”，这意味着这些股票下跌了70%甚至更多！但是，当我们把那些高风险的个股组合成一个多样化的投资组合时，会发生什么呢？杰里米·西格尔在《股市长线法宝》一书中指出，从19世纪末到1992年的每一个30年滚动周期里，股票市场的表现都好于债券和现金资产。在每个10年的滚动周期中，股票在超过80%的时间跑赢现金，股票从来没有在20年的滚动周期中赔过钱。大多数风险衡量标准认为安全的债券和现金，事实上在大部分时间里都跟不上通货膨胀的速度。

正如西格尔在谈到这种扭曲逻辑时所说：“在任何一段长达20年的时间里，你都不会在股票上亏钱，但你把我们一半的投资组合都消耗在了债券上（扣除通胀因素）。那么，哪种资产风险更大呢？”在过去30年的滚动周期中，股票在通胀调整后的平均收益率为7.4%，而债券的实际收益率仅为1.4%。我不确定你会把平均每年业绩超过债券500%且持续稳定的资产类别称作什么，但我不认为它是有风险的。

另一个危险是陷入市场日复一日的波动之中，而不是着眼于长期市场。再说一次，如果你每天都盯着股票看，那么它们看起来确实很吓人。格雷格·戴维兹告诉我们，如果你每天都查看你的账户，你将会有 41% 的机会承受损失。当我们想到人性使得由损失引发的痛苦的程度相当于由获利引发的喜悦的程度的两倍时，这是相当可怕的！如果每 5 年查看一次账户，那么你可能只会有大约 12% 的概率遭受损失，而每隔 12 年看一次账户的人将永远不会看到自己的账户遭受损失。[43] 12 年似乎是一个很长的时间段，但值得牢记的是，大多数人的投资寿命可能在 40~60 年左右。

股权投资激活了我们的“故事大脑”，它让我们向贪婪和恐惧的方向发展，因为纵观历史，无论是巨大的财富创造还是财富毁灭，都对应一些突出的案例。但是风险，真正的风险，是永久损失的概率，而不是一路走来的磕磕碰碰。从某种颇有成效的意义来看，风险管理意味着走出我们自圆其说的故事，以尽可能剥去感性外壳的方式考虑信息。如果适当地分散投资并在适当的时间框架内加以考虑，从某种效果上来讲，以股票为主要驱动因素的投资组合能提供可观的收益，同时组合的风险也很小。这才是一个值得讲述的故事。

当少即是多时

人们通常认为，信息与市场有效性之间存在一种正向的线性关系。至少在某种程度上，我们有理由认为，一种证券的可获取的公开信息越多，我们就越有能力准确地为这种证券定价。但是，信息过多是否可能和信息过少一样对市场有效性不利呢？据《科学美国人》报道，我们生产的数据量每年都翻一番。更具体地说，2016 年人类产生的数据与截至 2015 年整个物种历史的数据一样多。它对未来数据的最佳估计是，在未来的 10 年里，将会有 1 500 亿个联网的测量传感器，相当于地球上平均每个男人、女人或孩子都将拥有其中的 20 个。此时，我们产生的数据量将每 12 个小时翻一番。

我们处在一个热爱数据的文化中，当涉及测量和总结我们所处世界各个方面的信息时，我们倾向于采取多即是好的方法。但是充斥着我们生活的大量信息会带来真实的影响，其中大多是负面的。看一下以下研究：

伦顿和弗兰切斯科尼分析了来自 84 个速配活动中的 3 700 个单身约会决定。作者发现，约会对象在某些方面（身高、工作、教育程度）的差异越大，求婚的情况发生得越少。约会者被这种多样性弄得不知所措，所以他们干脆什么都不做。

迪莫卡研究了参与复杂组合拍卖的志愿者的大脑。随着早期信息的涌入，大脑背外侧前额皮质的活动也开始活跃起来，这是大脑中与决策和冲动控制有关的区域。但是当研究人员给受试者提供越来越多的信息时，他们的大脑活动突然停止了，就好像“啪”地关上了一个开关。“信息太多了，”迪莫卡说，“人们做出的决定变得越来越没有意义。”

你是否有过这样的经历？一心想要吃到糖果，结果走进糖果区后，却发现自己完全被各种琳琅满目的糖果淹没了。研究表明，过多的选择会导致你对最终的选择感到麻痹和不满。几项实验表明，与那些在一个更有限的决策空间中的人相比，面对大量选择的那些人购买的东西更少，对购买的满意度也更低。

金融信息超载的另一个后果是，它会导致变量之间产生虚假的相关性。据内特·西尔弗报道，政府每年根据 45 000 个经济变量产生数据！[44] 将这一现实状况与戏剧性的经济事件（例如，自二战结束以来出现了 11 次经济衰退）相对较少的事实相结合，你就会知道西尔弗所说的将数据放入搅拌机加工是一种高级烹饪过程是什么意思了。

再来看看标准普尔 500 指数与孟加拉国黄油产量之间的相关性的奇怪案例。是的，你没看错——孟加拉国的黄油产量。数据表明，二者之间的协方差为 95%，但这当然是假的，即使它们之间的拟合近乎完美。这种关系是由研究人员发现并提出的，他们急于证明这个古老的公理——相关性不等于因果关系，并向我们表示，通过分析大量的信息，一定能找到相关性，即使二者之间不存在因果关系。

在一个大数据的世界里，我们常常看不到“这是否是一桩好生意”的广阔森林，因为我们看到的只是那些如同一棵棵树的深奥数据点。不管教授和专家未来可能想到的是多么怪异的经济措施，它们都会显示一些与股票收益的短暂相关性，但最终未能通过“在决定参与这个生意时我们是否该考虑这个问题”这个取样测试。就像它对市场运作方式产生的任何重大新洞见一样，即将到来的大数据浪潮似乎很可能产生大量的假阳性结果。

过犹不及

卡尼曼和特韦尔斯基的“银行出纳琳达”研究提供了另一个有说服力的例子，来说明并不总是信息越多越好。这两位研究人员着手证明了他们通过经验观察到的一些事情——情绪信号可以压倒概率。我们现在把它称为基本比率谬误。这两个人提出了一个问题：

琳达是一位31岁单身女性，她直言不讳，非常聪明。她主修哲学。作为一名学生，她深切关注歧视现象和社会正义问题，并参与了反对核武器的示威活动。

请问下面哪一种情况发生的可能性更大？

1. 琳达是一名银行出纳员。
2. 琳达是一名银行出纳员，并积极参加女权运动。

如果从理性和概率的角度考虑这个问题，你就会明白，主张女权的银行柜员只是银行柜员这个庞大群体的一个子集。但大多数人会认为第二种情况可能性更大，在概率的真实信号中他们成为噪声的受害者。我们头脑中充斥着关于女权运动受试者这类人的偏见，我们在此时也将琳达对号入座了。

就像获得了更多关于琳达的信息却无法判断什么才是真正重要的事一样，很多被视为投资建议的东西，其实只是带有一层浅薄教育外衣的市场营销方式或者网页点击的诱饵罢了。任何明智的选股方法都会涵盖以下内容，确定什么才是最重要的信息以及关注排除周围噪声后的那些变量。如果一切都很重要，那么什么都不重要了。

英格兰银行货币分析与统计执行董事安德鲁·霍尔丹在他题为《狗和飞盘》（*The Dog and the Frisbee*）的演讲中，为简单性提出了一个令人信服的学术论点。霍尔丹以接住飞盘的例子开始了他的评论，这个过程“需要飞盘接收者权衡一系列复杂的物理和天气因素，其中包括风速和飞盘的旋转情况”。他的问题是：对于大多数人甚至一只狗来说，这样一个复杂的过程是如何实现的？答案在于我们使用了一个简单的经验法则——我们需要保持一个跑步的速度，好让移动的飞盘大致与眼睛水平。霍尔丹认为，一个问题越复杂，解决方案就必须越简单，以避免统计学家所说的“过度拟合”。

霍尔丹给出了一些过度拟合的例子，比如用来检验体育博彩历史表现衡量方法的一套非常复杂的算法。他发现这种复杂的方法被一种认知启发法（只是简单地选择你听说过的玩家或者团队的名字）打败了。他接着说：“实验证据表明，在一系列其他活动中也存在同样的情况。对于诊断心脏病的医生来说，一个简单的决策树胜过复杂的模型；对于寻找连环罪犯的侦探来说，一个简单的定位规则胜过复杂的心理分析……与一套复杂模型相比，理解重复购买数据的那些店主能进行更好的预测。”复杂的问题会产生如同噪声一般的结果，这些结果只能通过宏观的、简化过的框架来理解。

霍尔丹将管理已知风险的规则与在充满不确定性的情况下（比如投资于股票市场）操作的规则进行了对比。他说：

> 在风险之下，政策应该对每一滴雨点做出反应；这种方式调整得很好。但是在充满不确定性的情况下，这种逻辑恰好是相反的。复杂的环境通常需要简单的决策规则。这是因为这些规则对充满无知的状况更起作用。在不确定的情况下，政策可能只对每一次雷暴做出反应；这是一种大刀阔斧式的调整。

正是因为影响市场的变量是如此的多样化和复杂，我们才更加需要掌握一套简单的规则。就像一个要接到飞盘的人一样，他试图计算速度、旋转、风速和轨迹，一个深陷于市场细枝末节的投资者，注定会遭遇让人头疼的重大事件和糟糕的业绩表现。

噪声的好处

在科学和工程中，信噪比（SNR）是一个度量标准，用来比较期望的测量值与临时背景噪声的水平（通常以分贝为单位）。它与投资的相似之处显而易见；信号是一种有用的信息，而噪声可以被认为是一种转移注意力的东西，它扰乱了人们对公允价值的判断。尽管“噪声”和“噪声交易者”受到了各种抨击，但如果没有它们，金融市场就不可能存在。试想一个没有任何噪声的市场，一个只有完全理性的市场受试者可以明确解释信号的有效市场。在这样的市场中，几乎什么都不会发生。毕竟，如果人们只愿意为广为人知的资产去支付合理的价格，那么你为什么还要买进或卖出呢？

正如费希尔·布莱克指出的那样：“噪声让金融市场成为可能，但也让市场变得不完美。”没有噪声，就不会有行动。市场的噪声越大，市场的流动性就越好，因为资产经常易手。然而，显而易见的尴尬境地是，现在有一个嘈杂的市场，在这个市场中，目前的流动性资产是没有被完全充分定价的。更令人困惑的是，如果人们普遍直觉上认为噪声是信号，它就会变成信号。在金融市场及其他一些地方，从一个非常真实的意义上来说，感知变成了现实。

同样值得提及的是，不能仅仅因为噪声交易者是市场运作的必要条件，你就去做让市场保持无效的事。做一个噪声交易者就像做一个船主——最好把船留给别人。为了从自己所处的嘈杂市场中获利，我们首先必须理解为什么人们会利用噪声进行交易。费希尔·布莱克提出了两个想法：这给了人们一种归属感；他们并没有意识到这是噪声。

作为噪声交易者的天敌，行为投资者必须反其道而行之：一是沉浸于原则性的逆向思维，二是培养对信号的经验性和心理标记的认识和理解。

成为一个明智的投资媒体资讯消费者

- 评估消息来源——这个人是否有适当的资历经验来谈论这件事，或者他们是不是出于其他的原因而被人注意到的，比如此人的外表、魅力或者善于夸夸其谈的特点？
- 质疑这些闹剧——尽管波动可能是一项优秀投资的敌人，但对于渴望点击量和浏览量的媒体来说，混乱和不确定性才是它们的福音。
- 检查报告语气——报告是使用了鼓动性语言还是进行了人身攻击？这些与其说是一个真实的故事，还不如说是一个日常工作。
- 考虑背后动机——新闻机构不是慈善组织，它们和其他任何商业机构一样受利益驱动。相对于你作为决策者的需求，这份报告的大意如何使他们的需求获得更大的好处？
- 核实清楚事实——所呈现的内容是否与最佳学术实践和该领域其他专家的观点一致？所表达的事实或观点基于什么样的研究？

“不要当一个书呆子”

股市在经历了特别动荡的几个星期后，一家大型财经新闻网络邀请我就当前形势及其对投资者的影响发表我的个人看法。尽管我总是很感激有这么好的公关机会，但我之前在电视上表现得有点儿难以适应。出现在有线电视新闻上意味着你需要在一个很远的地方对着摄像机讲话，却不知道采访你的人那边正在发生着什么。更糟糕的是，在你的耳机里不仅能听到节目主持人的对话，还能听到制作人的台词，而这位制作人会经常大声发号施令，倒数计时，或者决定拍摄哪些内容。脑海里的各种决斗声音制造了一种人为引发的精神分裂，我还是觉得很难驾驭这种场合。

在某个特别的日子里，我把自己一些很有见地的想法分享给了那位制作人，他要求我在观点上措辞更加明确，在表达上更加夸张和武断。我含糊地表示了反对，希望不会被要求在媒体哗众取宠的祭坛上牺牲掉我的正直和诚信。制作人开始倒计时：“5，4……”我先咳嗽了一下，然后清了清嗓子。“3，2……”接着我给出了自己最好的电视镜头微笑。“1……直播开始。你别像个书呆子，我们是在出售新闻呢。”我很震惊，我确信当时自己脸上的神情被摄像机拍了下来。

我与媒体打交道时，并不会假装认为他们总是在为投资者的最佳利益行事，但即便承认我是个观点老派的人，在听到他们如此愤世嫉俗地承认“我们是在出售新闻”的时候，我还是感到非常震惊。财经新闻是为点击量和收视率而设计的，而不是为了投资者的一分一毫。那天我所有与之相反的想法都被打消了。当新闻旨在唤起注意力而非告知信息时，我们会看到这个最新的富兰克林邓普顿全球投资者情绪调查结果，调查受访者被问及标普500指数在2009年、2010年和2011年的表现。在这三年中，指数基准在前两年实现了两位数的涨幅，而在2011年小幅上扬。尽管市场在上述时期表现异常出色，但大量投资者的反应是市场已大幅下跌。我们已经进化到了一种紧紧抓住那些可怕的、不寻常的信息的状态，特别是以一种叙事的形式呈现的信息，媒体在这方面做得相当好。我们生活在一个比以往任何时期都更容易获取信息的时代，但信息的可用性并不能说明它的有用性。

随着美国新闻媒体变得越来越党派化和专业化，信息的价值可能会降低到一个有害的程度。那些本应出售信息的人，基本上变成了噪声的提供方。更重要的是，即将到来的信息过剩意味着我们将被迫越来越严重地依赖启发法。毕竟，除了作为进化上的捷径用以帮助我们在面对大量信息时做出决定，启发法还有什么作用呢？

但是伪装成噪声的信息对行为投资者有利，因为他们已经意识到随之而来的危险。拉迪亚德·吉卜林的经典作品《如果》的开篇是这样的：

> 如果你能在所有人都失去理智并怪罪于你的时候，
> 可以保持头脑清醒；
> 如果当所有的人都怀疑你时，
> 你还能相信自己，同时也能体谅他们的怀疑；
> 如果你能等待，不因等待而疲惫，
> 不被人欺骗，也不参与说谎；

被人憎恨时，不让自己憎恨，

但也不要表现得太好，也不要说得太过轻巧

在信息时代保持头脑清醒是行为投资者永远不能放弃的任务。对有原则的逆向思维的培养、对行为的理解以及对经久不衰的金融经验性原则的熟知可能不是自然而然地进行的，但它们是清除路上虚假信息进而主导自我和财富的关键。

本章重要观点

- 我们往往会把回忆的容易程度与其发生概率相混淆。
- 人们用故事的形式来思考，而不是以百分比的形式。
- 我们高估了那些严重影响低概率的可怕事件发生的可能性。
- 无法解释行为学的风险度量是无用的。
- 信息太少和太多都会导致市场无效。
- 矛盾的是，复杂的动态系统也需要解决方案来避免过度拟合。
- 噪声使市场形成成为可能，也使得市场几乎不可能被人打败。

第 7 章
情绪

“世界对于习惯感受的人来说是悲剧，对于习惯思考的人来说是喜剧。”

——霍勒斯·沃波尔

情绪：是朋友还是敌人？

我必须从一开始就指出，行为金融学圈在谈及投资决策时，对于情绪是一种帮助还是一种阻碍这个问题，仍存在一些分歧。一个阵营认为情绪提供了有价值的信息，加深了思考背景，而另一个阵营认为情绪模糊了理性思考。然而在某种程度上，这两者都是正确的，我们现在将会思考一些相关的研究结果，试图找出在我们成为行为投资者的过程中，情绪的哪些方面是合适的，哪些方面又是无法适应的。

支持阵营认为，从一个非常真实的角度上来看，情绪是做出决定的先决条件。丹尼丝·沙尔在《市场心理游戏》(*Market Mind Games*) 一书中指出，那些大脑情绪中枢受损的人往往很难做出一个哪怕是很简单的决定，比如穿什么衣服去上班或早餐吃什么。[45] 即便是日常低风险决策也有一种情绪潜流，只有在没有这种潜流的情况下它才会被人们注意到。此外，扎伊翁茨于 1980 年非常确信地认为，自动的情绪化反应具有定向效应，为随后的信息处理和判断提供了方向性支持。[46] 这些情绪反应可能不会告诉我们整个故事，但它们为我们指出了一个很好的方向，让我们了解其中的大部分内容，然后提供了更加细腻的推理来整理剩下的部分。

正如勒文施泰因和施卡德指出的，当情绪很好地服务于这个定向功能时，会有很多例子浮现在脑海中。他们写道：“毫无疑问，绝大多数对情绪的预测都相当准确。人们知道，如果失去工作、被情人拒绝或考试不及格，他们就会感觉很糟糕，他们会在新工作的头几天感到有压力，他们会处于慢跑后的‘兴奋’状态。”对于一个被各项信息处理要求淹没的大脑来说，快速而具有指向性的这个捷径的重要性再怎么强调都不为过，情绪恰好能很好地解决这个问题。

除了认知上的应急手段，情绪还有其深刻的进化层面的益处。保罗·斯洛维奇和他的同事甚至说，是我们的情绪处理“使人类在漫长的进化过程中得以生存”。早在概率论、风险评估和决策分析出现之前，人们就已经通过直觉、本能和感知来告诉人们接近身旁的这个动物是否安全、眼前的水是否安全到可以饮用。[47] 斯洛维奇等人认为，只有在生活变得更加复杂之后，我们才开始减少情绪影响，而更多地通过分析的方法来做决定。麻省理工学院的罗闻全支持这一观点，他说：“从进化的角度来看，情绪是一种强大的适应能力，它极大地提高了动物从身边环境和过去经验中学习的效率。”[48] 进化论的证据似乎很清楚：没有情绪，就不会有人类。

但是以前的进化有效性的证据并不一定能证明现代的必要性。看一下你的阑尾就知道了。情绪确实有助于决策的某些方面，但同时它似乎会阻碍其他方面。前面提到的情绪的定向效应可能会变成彻头彻尾的迷失。情绪可能以正确的方式告诉我们谈恋爱时被人甩了会很痛苦，但也可能会让我们错误地相信更大的房子或更高的薪水是幸福的关键，一些文献表明，这两个因素后来都被证明是不真实的。

伊森发现，低水平的积极情绪可以改善创造性决策，但积极情绪也被证明会损害认知的其他方面，如记忆、演绎推理和计划能力。[49] 一些研究表明，积极的情绪会影响人对积极信息的回忆，而另一些研究发现，快乐状态会抑制处理过程，并导致认知处理障碍。快乐已被证明能改善某些任务（如邓克尔的蜡烛实验）的表现，却损害了其他任务的执行功能（如斯特鲁普测验、伦敦塔测试）。

还是很困惑吗？

虽然积极情绪似乎可以改善决策的某些方面，同时伤害其他方面，但有一项发现争议较少：快乐让人更加依赖启发法或认知捷径。博登豪森、克雷默和舒塞尔于 1994 年发现，积极的情绪会增加人们对评价他人时的刻板印象的依赖性。[50] 福加斯和菲德勒在 1996 年的研究中同样认为积极的情绪会引发人对外部群体的更大歧视。[51] 这里得出的结论似乎是，人类的大脑是一个保存幸福的机器，当事情进展顺利时，它通过维持一个肤浅的状态来提升对幸福的感受。对于一个投资者来说，没有什么比仔细思考、深入分析公司财务状况更让人扫兴的了。

从最高层面考虑，情绪是一个混合的包裹，但在审查投资决策方面，我们可以针对情绪的使用和误用提出更具体的建议。情绪使人更加依赖启发法，而启发法又有许多相关的后续影响：忽略规则、降低概率的重要性、截短时间线、使行为同质化和转移风险感知

（risk perception）。一如既往，环境为王。上述许多影响在时间有限、生死攸关的情况下是积极的。我们已不再生活在丛林中，然而金融市场所在的混凝土丛林却遵循着一套完全不同的规则。

一个贫穷的、旅行中的陌生人

想象一下，你坐在自己最喜欢的影院里，热切地等待着新电影《星球大战3：绝地归来》的上映。你如果停下来观察聚集在剧院里的其他人，就可能会观察到许多不同的行为。一对已婚夫妇可能正在讨论如何为他们年幼的孩子选择最好的学校；一家漫画书店的老板可能一边狼吞虎咽地吃着爆米花，一边聚精会神地浏览着关于这部新电影的评论，同时确保不被影评剧透；孩子们可能会嬉戏打闹；第一次约会的年轻情侣可能会尴尬地试着了解对方。简而言之，尽管你们出现在同一个地点而且对一个遥远的星系有着共同的兴趣，你们的行为却有很大的异质性。

接下来，想象一个人恰好在你所在的影院的座位上站起来，尽他最大的力气喊着“着火了”。那么聚集在一起的影迷的行为又会是什么呢？在一阵混乱的惊慌失措中，先前提及的行为多样性将让位给一个共同的目标——成功地到达影院门口并逃离现场。低水平的情绪会导致想法和行为的高度分散，但强烈的情绪会产生明显的同质化效应，甚至伤害心怀好意的投资者。情绪让你对自己的规则感到陌生。

在《怪诞行为学》中，丹·艾瑞里介绍了他和一群同事所做的一些令人兴奋的研究，证明了情绪是如何凌驾于理性之上的。艾瑞里和他的同事向一组学生提出了19个有关他们性偏好的问题，包括他们“古怪的”性行为倾向、欺骗伴侣、安全的性行为和尊重伴侣等内容。

他们首先让处于“冷静”状态下的学生回答这些问题，在这种状态下，他们在情绪和性方面的状态都还没有被唤起。你可能已经猜到了，处于冷静状态的学生倾向于提倡安全的、双方自愿的性行为，尊重伴侣的意愿并在现有感情关系的背景下发生行为。

接下来，艾瑞里和他的团队以色情图片的形式将情绪引入这个练习中，其目的是唤起受试者的性和情绪。当性被唤起时，受试者对之前的19个问题的回答发生了戏剧性的变化。他们出轨的可能性增加了136%，参与奇怪的性行为的可能性增加了72%，进行无保护措施的性行为的可能性增加了25%。因此，艾瑞里总结道:“预防、保护、保守主义和道德完全从雷达屏幕上消失了。他们无法预测激情会在多大程度上改变他们。”

这个实验的可怕性质可能会让我们相信它的影响仅限于性唤起，但那会是一个错误。正如艾瑞里在脚注中所说:“我们也可以假定其他情绪状态（愤怒、渴望、激动、嫉妒等）也有同样作用，能使我们难以识别自我。”[52]

参与研究的学生本来就知道其中所有的规则——一直戴着避孕套，永远都不欺骗自己的伴侣。他们只是在一时冲动的时候忘掉这些规则的。你也知道许多聪明投资的规则——它们在人恐惧或贪婪的时候又让人感觉是老掉牙的东西。

心理学家、交易教练布雷特·斯蒂恩博格说得很好，他提到了他研究的一组交易员:“……情绪在交易中产生的净效应似乎是对规则治理的破坏……情绪条件下……他们的注意力变得向自我集中，以至不再注意他们的规则。通常情况下，他们并不是在情绪化的条件下怀疑自己的规则；相反，他们只是忘记了规则。”[53] 不管人多么聪明，情绪化的投资者对自己和自己的规则来说都是陌生的。

明尼苏达多相人格调查表（MMPI）是一个被广泛使用的精神疾病评估系统，它为了解美国人的民族心理提供了有趣的观点和见解。1938—2007 年，借助调查表，美国的精神病理学水平有了大幅提升。发展较快的具体领域包括：

- 多变情绪
- 不安分
- 不满
- 不稳定
- 自恋
- 以自我为中心
- 焦虑
- 不切实际的积极自我评价
- 冲动控制

在这段时间里，尽管社会取得了进步，但情绪健康似乎更加让人难以捉摸。套利情绪（arbitraging emotionality）似乎是一种持久的投资优势——可能它还在增加。

情绪影响我们对概率的评估

对于投资者来说，坚持概率如此困难（同时也是有利可图的）的原因之一在于，情绪对我们评估概率的方式有显著影响。可以预见的是，积极情绪会让我们高估积极事件发生的可能性，而消极情绪则恰恰相反。这种概率的滤镜使我们误解了风险。

研究表明，愤怒会使人更少地感受到风险的威胁，而悲伤则会使人感受到更多的威胁。我们个人对某种行为的熟悉感也会使它在风险方面看起来或多或少有所变化。划船和滑雪都是相对危险的运动，但由于它们很有趣，它们对身体可能造成的伤害在很大程度上被人忽视了。好的投资尽管可能让人感觉乏味，但只是因为它的无趣而被贴上了高风险的标签,这其实是非常不合适的。在评估风险时，我们常常会问自己“这有趣吗”，而不是“这危险吗”。

快乐的人更有可能认为他们会中彩票，但是这并不能提高他们中奖的概率。即便看上去能将情绪与风险联系在一起的总体趋势似乎来自直觉，但我们对概率扭曲的强度或许仍会让你感到吃惊。罗腾斯杰克和希于 2001 的研究结果显示，如果一个赌注的结果在情绪层面比较丰富，那么它的吸引力或非吸引力对于概率变化来说是不敏感的，范围从 0.99（几乎确定）到 0.01（极不可能）。[54] 勒文施泰因等人于 2001 年发现，在受试者自我评估中，彩票中奖的概率无论是千万分之一还是万分之一，对于他们来说都是一样的。[55] 他们进一步指出，情绪会给不确定的结果赋予一种“要么全中要么一无所获”的性质，这种性质侧重于“可能性”，而非“概率”。

不论愿意承认与否，我们都很像是电影《阿呆与阿瓜》中金·凯瑞扮演的那个角色。当爱慕对象告诉他，他有百万分之一的机会最后会和她在一起时，他松了一口气，笑着说：“你是在告诉我还是有机会，对吗？”我们常常把渴望的强度与获胜的概率混为一谈。

下雨天和星期一

赫舒拉发和沙姆韦研究了直接影响情绪的云量对 26 家不同证券交易所每日收益的影响。在 26 个股市中，有 18 个股市的低日收益率与云量有关联。在纽约，一个假设下的虚拟投资组合如果只在无云的天气进行投资，那么收益率为 24.8%，而阴天的收益率为 8.6%。看来，是时候给你当地的气象学家打个电话，然后再新建一个对冲基金了！

时间旅行

“当你开心的时候，时间总是如白驹过隙。”这句陈词滥调掩盖了一个更大的事实：情绪极大地影响了我们对时间的感知。具体地说，强烈的情绪缩短了我们的时间线，让此时此刻看上去就是当下的所有或者未来的一切。对于投资者来说，时间是巨大的财富组合，但他们被这种在短期内压制住自己情绪的倾向深深地伤害了。

林奇和邦妮在 1994 年对吸烟行为的纵向研究证明，人的一时冲动可能带来影响一生的后果。在他们的研究中，高中生被问及 5 年后他们是否还在吸烟。在偶尔吸烟者中，15% 的人预计自己将会在 5 年内吸烟，而每天抽一包烟的人有 32% 的人会这样说。5 年后，43% 的偶尔吸烟者仍在吞云吐雾，而 70% 的重度吸烟者仍保持着他们的坏习惯。无数个情绪化的欲望被串在一起，直到他们做出伴随一生的糟糕决定。同理，那些会被市场中一点点风吹草动就牵着鼻子走的投资者，很可能会做出一千个微小的决定，这些决定会让他们最终落得一个退休时身无分文的落魄下场。

功能性反社会者

如果强烈的情绪对投资结果有如此负面的影响，那么，考虑一下减少或完全消除情绪之下的投资结果也是很有趣的。索科尔-赫斯纳等人于 2012 年发现，通过降低风险和采取更广阔的视角来降低情绪状态，会降低生理上的兴奋度，并改善决策结果。迈阿密大学的研究表明，个人从金融新闻中获得的通用信息通常比从投资组合中的特定资产中获得的信息要多。受试者能够对一般的财经新闻保持冷静态度，但当新闻对他们的生活产生重大影响时，情绪会扭曲其学习过程。最后，《科学美国人》引用的证据表明，双语者在用外语思考时能做出更好的决定，因为这需要他们有更少的自省和情绪化的状态。

越来越多的证据表明，尽管情绪在别处可能具有适应性，但它是健康合理投资中的一大障碍。为了更直接地研究这个问题，罗闻全、雷平和斯蒂恩博格观察了 80 位志愿者在在线交易课程中的行为，并测量了他们情绪反应对标准化损益的影响。他们发现，那些表现出最多情绪的人（无论是积极的还是消极的）“表现出明显较差的交易表现，这意味着成功的交易行为和情绪反应之间存在负相关”。研究人员接着说：“……我们的研究结果与当前的神经科学证据相一致，即恐惧和贪婪等自动情绪反应往往胜过更受控制的或‘更高层次’的反应。在某种程度上，情感反应让更复杂的决策能力‘短路’了。因此，有较差的交易表现也就不足为奇了。”[56]

如果抑制情绪会产生正面影响，那么完全消除它会不会可能更好？这是斯坦福大学一项名为“投资行为与负面情绪”的研究的思路。在实验过程中，研究人员让 15 名大脑情绪处理中枢受损的人与 15 名“神经正常”的同龄人进行一项赌博任务。研究发现，大脑受损的受试者比没有受损的受试者表现更好，因为他们愿意下更大的赌注，而且能够在挫折后迅速恢复过来。大脑未受损伤的受试者在整个过程中表现得更安全，但在表现不佳的时期（在市场中，这段时期往往与有吸引力的投资时期相吻合）之后，就变得特别厌恶风险。大脑受损的受试者不觉得有必要低头舔自己的伤口或抚慰受损的自我，因而始终保持一致的风格，所以最终取得胜利。

这个故事的寓意是：接受脑叶切除术，然后就会变得富有了吗？好吧，也许不是，但事实上，情绪才是伟大投资的敌人。神经学家安托万·贝沙拉认为，投资者应该像“功能性精神病患者”一样善于高效率地赚钱，他们应该在每一个时刻驱逐自己的情绪。

过犹不及

排在红绿灯前第一个是一种荣誉，似乎也是一种神圣的特权。

伴随这种能力而来的是巨大的责任，特别是要保持足够的警觉，以便快速离开人行道，并允许尽可能多的车辆转弯或打灯。然而，并不是每个人都像我一样将其视为一种崇高的召唤，而且人们会时不时地因为发短信或从事其他活动而放慢速度或完全错过绿灯。在这种情况下，我会快速按一下汽车喇叭，提醒我前面的人注意一下他们不光彩的行为。

不久前的一个周末，我跟在一个心烦意乱的司机后面，习惯性地按了喇叭。刹那间，我前面的那个人愤怒地看了我一眼，在转弯之前还向我竖起了中指。幸运的是，在下一个路口我把车停在了他的旁边，随后那个讨厌的家伙摇下车窗向我道歉。“我刚才应该注意的。”他说，“我讨厌别人这样对我。”他最初的情绪反应是对我按喇叭的行为感到愤怒。只有在进一步考虑之后，他才能对自己对待他人的方式产生一些同理心，他“思维迟缓”的反应也让他承担了一些责任。尽管我很愿意认为那些不遵守交通信号灯的人真的很邪恶，但这个人就像我们所有人一样——在思想最终占据主导之前，他让自己的情绪先表现了出来。

勒杜在 1996 年和他的同事做了一些有趣的工作，证明了我在红绿灯处观察到的现象：情绪高于理性。基于对老鼠的研究，他们发现了进行基本信号处理的感觉丘脑与大脑的情绪中心杏仁核之间的直接神经联系。这种不通过大脑皮层的直接联系，意味着信号在被推导出来之前就已经进行了情绪化的处理。事实上，老鼠在知道原因之前就已经开始害怕了，这个系统为它们的行为选择提供了一个快速但粗略的评估。它建立在扎伊翁茨于 1980 年、1984 年、1998 年的研究基础上，该研究表明人类也可以在说出一个物体是什么之前就识别出其内心深处是否喜欢这个物体。此外，我们对刺激的情绪反应会停留在记忆中，远远超出了刺激的任何细节。例如，你可能对一部你不记得任何细节的电影有一种强烈的发自内心的厌恶。

以何种程度将理性和情绪的方法带入人的决策层面，这在很大程度上是一个关于强度的讨论。当情绪被测量时，它似乎扮演了顾问的角色，只是提供信息，并不带有强烈倾向。这个过程是有用的，而且可能携带一些有利于决策者的信息。但是，情绪是有强度级别的，不会进行微妙的调整，在更大的强度下，情感几乎完全妨碍阻止了决策的可能性。正如乔治・勒文施泰因所写："没有人'打算'在方向盘上睡着，但是很多人事实上都是这么做的。"

安东尼・格林沃尔德于 1992 年的研究表明，人类大脑所标记的任何东西都易于回忆，而理性的事实却没有这样的检索机制。研究人员对 1 400 个带有情感诉求的广告活动和带有严格理性诉求的广告活动进行了对比。有情感诉求的活动被召回的次数是有理性诉求的活动的两倍。研究人员将这种效应归因于这样一个事实：情绪在我们的大脑中可以被毫不费力地处理，并更具黏性。正如丽塔・卡特于 1999 年所写："当思想与情绪发生冲突时，我们大脑中的神经回路就会通过设计情绪来取胜。"试图用理性逻辑来对抗情绪，就像拿刀来对付枪战。

把情绪留到最有用的时候

大多数动物都进化出了适应压力的反应，以便在危急时刻保护自己。受到威胁的眼镜蛇会扬起它的颈部皮褶，河豚会把自己鼓起来，海龟则会缩进壳里。相反，人类在压力下似乎注定要做错事。当需要保持最佳状态时，我们会大量出汗；在后台等着做一个重要的演讲时，我们往往等得嘴都干了。人类预测、期待和担忧的能力可能会使我们与动物王国的其他成员区分开来，但这些能力也会使我们与一大笔财产分道扬镳。生活中最美好的时刻是情绪高涨的时刻：结婚、生子、参加朋友的大学毕业典礼。即使是生活中最悲伤的那些时刻，也有一种持久的能力，通过它们独特的记忆能力来教导和塑造我们的行为。但是，就像情绪丰富了灵魂一样，它也使钱包变空，我们最好把它保存在最有用的时间和季节里。

本章重要观点

- 我们对金钱的热爱让我们在做财务决策时，更少而非更多地依赖于情绪。
- 情绪提供了保持心智能力的一种原始、粗暴但尤为重要的捷径。
- 强烈的情绪让我们对启发法有更多的依赖。
- 在生死一线、时间急迫的时刻，情绪更有利于选择，但在其他情况下就没那么有用了。
- 情绪让我们对那些我们本应遵守的规则感到陌生。
- 强烈的情绪会对行为产生同质化的影响。

- 我们往往会把对结果的渴望与结果发生的可能性混为一谈。
- 我们倾向于认为愉快的活动风险较小（反之亦然）。
- 强烈的情绪会缩短时间轴，导致我们忽视未来的自我，而更加关注当下的自我。

第三部分

成为行为投资者

我们每天创造自我的命运……我们罹患的大多数疾病都可以追溯至我们自己的行为。

——亨利·米勒

日本导演黑泽明或许是因为他的大片《七武士》而广为人知的，但是他的另外一部电影《罗生门》才是他真正具有突破性的作品。《罗生门》曾获得 1952 年奥斯卡金像奖荣誉外语片奖，它讲述了对一名臭名昭著的罪犯的审讯过程，此人被控告杀死一位武士及强奸其妻。事件的四位见证人对案情进行了陈述，他们分别是被告方、已故者（通过灵魂媒介）、牧师和伐木人，他们所有人都呈现了各自冲突但严肃真切的故事。这部电影是一次有关真理主观性的试验，并且借此呈现出经验、动机和性格是如何影响我们的判断的。故事中的各种证词从道德层面描述了更多关于人的情况，而非审问下的真实事件本身。

剑桥大学心理系主任巴特利特先生是最早在受控实验条件下研究真理主观性的先驱之一。巴特利特在这个研究中让受试者阅读一个美洲原住民的民间故事，并在数日后回忆它，以此将这个概念实验化。巴特利特发现，受试者在被要求回忆故事时，倾向于改变故事内容以反映出他们自己先入为主的东西和文化环境。他们省略了故事中不愉快或者外来的部分，并根据自己喜欢的方式将美洲原住民的文化特征替换掉。正如库斯坦迪指出的，巴特利特开辟了一种理念，即记忆是可以重新构建的，如同它可以复制一样。[57]

我们用自己的影像创造相簿，留在我们如同设备一般的身体里。美国人会购买美国股票。钢铁工人大量加码工业股，与此同时，银行家却加倍下注银行股。胆怯的人未能合理配置股票，那些过度自信的人则大量持仓单只股票。就如同一对老夫妻会变得越来越像，我们的持仓情况也会与我们自己越来越像，但这种相似性隐藏着巨大风险。

人与人之间的差异源于我们的生理、心理和神经系统的差异，这使得世界成了一个令人向往的地方，但是华尔街并不是表达这种独特性的地方。对一个人来说，工作就是要创造一个只有他能写的故事并透过不同于其他人的视角观察这个世界。而一个投资者是以他人明天的眼光来审视今天的市场的。发展成独立个体需要自我表达，但是成为一个行为投资者需要自我克制，违背人类最原始的生物－心理－社会归属感，这将会是你所做过的最困难也是最有可能获得收益的事情之一。在本书第三部分，我们将研究其具体的方法。

西格蒙德·弗洛伊德通过概述人类的心理是如何经受创伤的（提示：你的妈妈）开始了他对人类心理的研究，并让精神分析的发展持续了一个多世纪。大约 150 年后，临床心理学才被我们现在所说的积极心理学取代，而积极心理学是一个让我们变得快乐、强大并且与众不同的学科。

对于临床心理学家来说，诊断是必要的。但仅有诊断不足以构成一个完整的治疗计划。一个每小时需付费 200 美元的心理医生不会在看完病后给你贴上病态的标签就让你离开，但在很大程度上，这是行为金融学给大众投资者留下的印象：长长的偏见清单和极少的解决方案。但这一切都将在今天结束，我们也将以第二部分中行为风险管理的四大支柱之为例，详细阐述它们在资金管理方面的意义，经归纳，有以下几点：

1. 自我意识——倾向于过度自信，在行事中保持个人能力的感觉，而非头脑清晰的决策。

2. 保守主义——对收益与损失的非对称偏好，倾向于保持现状、不做出改变。

3. 注意力——对信息进行相对评价的一种倾向，在做决定的时候让显著性压倒概率。

4. 情绪——对风险和安全的偏见化感知，主要来自我们短暂的情绪状态和个人情绪稳定性水平。

读了本书第一部分和第二部分之后，你现在应该知道这些错误行为发生的原因了，但对所谓的“我到底应该怎么做呢”仍缺乏清晰认识。

让我们开始这次旅程吧，我们会研究构建自我抵抗的投资组合的方法，并试问：“我们真的有让自己感到骄傲的地方吗？”

第 8 章

克制自我意识的工具

我们这个时代最痛苦的事情之一是，那些心中充满肯定的人是愚昧的，那些拥有想象力和理解力的人心中充满疑惑和踟蹰。

——伯特兰·罗素

一方面我怀疑自己是个失败者，另一方面我觉得自己是万能的神。

——约翰·列侬

泰坦尼克号的沉没、切尔诺贝利核电站的事故、挑战者号航天飞机的悲剧、“深水地平线”钻井平台原油的泄漏，与你最喜欢的餐厅的开张看起来似乎并没有什么共通性，但所有这些事件都根植于一种深深的过度自信。人们觉得过度自信不一定都是坏事，至少在某些情况下是这样。我们或多或少需要在政客身上找到自我意识，这一点，当餐馆业主和企业家在开启一项具有较大的失败概率的新事业时，也是需要的。[58] 所以，到底是什么决定了过度自信是“让你爬起床去追逐梦想”的东西还是那种“具有毁灭性”的东西？为了回答这个问题，我们将审视自我的进化根源以及它能够帮助我们和阻碍我们的不同的情景。

伦敦大学学院认知心理学教授塔利·沙罗特博士认为，过度乐观影响了大约 80% 的人。在此引用一个幽默的例子，她的报告说，75% 的人认为好事正在不久的将来等着他们的家庭成员，但是通常只有30% 的人认为家庭正在朝着美好的时代前进。[59]在《思考，快与慢》中，丹尼尔·卡尼曼也承认了过度自信的普遍存在，认为它是“最显著的认知偏差”。在一个访谈中，他建议，如果自己能变魔术，那么他会选择消除这个偏差。[60]同时，卡尼曼也指出，过度自信是一种偏见，它助长了所有其他偏见，证明了草率和不慎重行为的合理性。理解到人性并不会反复无常地改变，显然，过度自信必须在某些地方、某些时候为我们服务，事实上它确实如此。

要拆解过度自信中适应进化的因素，我们首先必须要明白，它本身有多方面的架构。具体来说，有三种类型的过度自信：[61]

1. 过度精确——对个人信仰的精确性的过度肯定。

2. 过度定位——相比于他人，自己对个人技能的过高的自我定位。

3. 过度估计——对成功概率和控制水平有不切实际的乐观主义倾向。

过度精确

以过度精确为例。如果我问你《圣经》有多少卷，并要求你提供一个包含了实际卷数的范围，那么你会提供一个怎样的数字范围呢？请你尝试一下。

你可能会给一个 25 ~ 50 的范围。但是，请停下来思考一下这个问题。我要求的是包含正确数字的范围，那么你为什么不猜“1~1 000万”呢？像“1~1 000万”这样的答案实际上是无效的，但在技术上是正确的。在不确定的条件下，即使发现这种精确性缺乏规律性，我们人类也要尽最大努力发挥作用。

同样，如果你询问股票分析师对苹果公司一年的股价的预测，那么她可能会提供一个过于精确的信息，例如173.42美元。可以肯定的是，这个预测的意图相当好，并且扎根于一种让人易于理解的倾向，即让虚假的精确优于模糊的精确。但可悲的是，它可能会在无意中引起误导，并让根据这些预测采取行动的其他人相信：有这么一个世界，要比实际世界更容易预测。

说到过度精确的直接结果，逆势投资者戴维·德雷曼发现，大多数（59%）华尔街的“共识”预测均因差距太大而无法实现目标，从而导致结果无法使用——它们低于或高于实际数字15%以上。[62]德雷曼进一步分析发现，1973—1993年，在他研究的近80 000个估计值中，与实际数字相差不到5%的只有1/170。[63]

詹姆斯·蒙蒂尔在他的《行为投资学手册》中阐明了预测的难度。2000年，平均目标股票价格比市场价格高37%，但最终上涨了16%。2008年的平均房价预测上涨幅度是28%，而市场价格最终下跌了40%。在2000年至2008年的9年里，分析师们甚至有4年都没有把握好投资方向。

最后，哈佛大学的迈克尔·桑德雷托和麻省理工学院的苏迪尔研究了被分析师们覆盖的范围最广的1 000家公司的一年的预测数据，他们发现分析师们总是前后矛盾，平均每年偏离年收益目标31.3%。[64]对权益市场唯一准确的预测是，“我不知道，也没有其他人知道"，但这样的估计无法让分析师吃到龙虾午餐，也无法满足我们对可知的未来的需求。

过度定位

在提到过度自信的时候，大多数人想到的是过度定位。即我们认为自己的表现优于他人。在 2006 年的一项名为"表现不佳"的实验中，研究人员发现，在接受调查的 300 名职业基金经理中，有 74% 的人认为自己的工作表现高于平均水平。在剩余的 26% 的受访者中，大多数人认为自己的工作表现处于平均水平。令人难以置信的是，几乎 100% 的受访者认为他们的工作表现属于平均水平，或者高于平均水平。显然，只有 50% 的样本可以高于平均水平，这些投资经理展现的是非理性的过度自信。

约翰逊和福勒在他们的文章《过度自信的进化》（*The Evolution of Overconfidence*）中认为，过度自信会增加决心、野心、毅力和对稀缺资源的争夺的竞争力。[65] 他们提出了一个模型，表明过度自信是一种自然的，甚至是理想的自然进化结果，当冲突中所获得的资源大于竞争的成本时，它能使个体适应值和群体稳定性最大化。

过度估计

在库克大学的一项研究中，人们被要求对一些影响他们生活的正面事件（如中奖、结婚）和负面事件（如死于癌症、离婚）的可能性进行评估，过度估计表现得非常明显。他们的发现结果并不让人惊讶——受试者将正面事件发生的可能性高估了 15%，将负面事件发生的可能性低估了 20%。同样，希瑟·连奇和彼得·迪托进行了一项研究，向受试者展示了 6 个积极的生活事件和 6 个消极的生活事件，以及它们在普通人群中出现的可能性。受试者认为 6 个积极的生活事件中有 4.75 个可能会对他们产生影响。

在 TED 演讲中，沙罗特博士谈到了一些过度估计影响我们推理的具体方式。她认为过度自信让我们很难从新信息中学习，并说明新信息只有在适合自己的时候才可能修正自己的信念。她说，那些认为自己患癌症的概率为 50% 并被告知自己患癌症的概率更低（比如 30%）的患者，在第二次评估时，他们会将自己的观点修改为 35% 左右。然而，当新的信息对他们不利，比如癌症的估计发病率为 10%、实际发病率为 30% 时，他们的第二次猜测只是略微提高到 11%。过高的估计意味着我们倾向于认为我们自己的生活受制于一套不同于世界其他地方的规则和概率，甚至连事实信息都无法改变这种看法。

* * *

过度自信在很大程度上表现为一种滑稽的状态，有一种“我们难道不是很愚蠢、自大吗”的感觉，这种行事方式掩盖了它的复杂性和真正的社会、经济和进化优势，而这些优势可能会在许多领域向着利己主义积累。过度自信已被证明在体育、政治甚至健康方面具有优势。过度自信的人在面对挫折时可以表现出更强的复原能力，可以处理更有野心的项目，甚至被认为比那些缺乏自信的人心理更健康。[66]

尽管过度自信可能会带来一些特定的优势，但我们对这种结构的特殊兴趣更小；当涉及一般商业业务和特定领域的投资时，似乎很少有人推荐它。贝恩的一项研究发现，80% 的 CEO 认为他们正在为客户提供“卓越的体验”，而事实上只有 8% 的客户同意此说法。[67] 员工福利研究所（EBRI）发现，60% 的受访者认为他们能够节省下来足够的钱来享受舒适的退休生活，但只有 41% 的受访者曾试图计算出他们具体需要多少钱才能享受到舒适的退休生活。[68]

斯塔特曼、索利和沃金发现，投资者完全“被牛市迷惑冲昏了头脑”，将自己的成功归功于自我技能，而不是归结于牛市中涨潮的海浪会抬起所有船只这一事实。[69] 结果是，在好的时候交易量急剧增加，在糟糕的时候交易量急剧下降，最后却是高买低卖。《共同基金投资决策中的错觉和预测错误》（*Positive Illusions and Forecasting Errors in Mutual Fund Investment Decisions*）一文的作者发现，大多数市场受试者会持续高估自己未来和过去的投资表现。[70] 在认为自己的表现优于市场的那些人中，有 1/3 实际上落后于市场至少 5%，另外 1/4 的人落后 15% 甚至更多。格拉泽和韦伯发现了更多让人感到糟糕的研究结果，他们发现：“投资者无法对自己过去的投资组合表现做出正确的估计。收益估计与实际收益率之间的相关系数基本为零。”[71]

对投资者会谎报收益的发现并非完全在意料之外，但问题的规模和范围令人错愕。只有 30% 的受访者认为自己是“普通”投资者，被他们高估的收益率可达每年 11.5%！更令人震惊的是，投资组合的收益表现同估计与实际收益之间的差距呈负相关；收益越低，投资者越不容易记住他们的实际收益。过度自信使他们不可能准确地回忆和报告他们之前在投资上的所作所为。

自我意识的提升可能会让你获得一名配偶或拿下参议院席位，但用以提升政客仕途发展的自我意识也能毁掉一名投资者。认真考虑一下，理性行为，与其说是遵循一些清晰思考的普遍标准，不如说是根据当下情况来调整自己的一种方法。当涉及投资决策时，我们当中最理性的那些人往往会自我约束。

战胜自我的工具

现在如果你确信你的投资方法需要更加谦逊，那么你会很自然地问："我要从哪里开始？""承认无知和过失的过程是曲折而艰难的，但它不仅能带来经济上的收益，还能带来其他相关的回报。"

这里有一些你可以做的事情。

把财富分散至不同的资产

在公共演讲活动中，我最喜欢的部分就是演讲结束后与走向讲台的听众交流的环节。这些互动（就像你在现实生活中看到的网页文章的评论部分一样）通常采用三种形式中的一种——赞扬、批评或咨询。我几乎总是能从向我走近的那些人的脸上看出是哪一种。有一次，我遇到了一长串不同寻常的人，不出所料，他们当中有人对我的工作表示了感谢，有人说我是个白痴，有人向我征求免费建议。

说我是白痴的这个人算是最有趣的（同时也是说话最准确的那个），但我重点想说的是针对个股（比如苹果公司）请求我提出建议的人。这位绅士在对我的演讲表示了简要的感谢之后，向我询问了关于苹果公司股票的看法，因为苹果公司股票构成了他 200 万投资组合中的很大一部分。我当时在单独的账户策略中持有该股票，这是当时我可投资的领域中评级最高的股票，所以我当然是极其看涨苹果的。

但是，我没有提及自己认为的苹果具有相当可观的优势的建议，而是插入了另一个问题。“你目前涉及的投资头寸有多少？”我问道。“占我总财富的一半。”他羞怯地回答。我的回答是具有反省性的：“你有点儿愚蠢，这一点你是知道的。无论我的建议是什么，你的资产错配都很严重。”从那时起，苹果的股价从 74 美元涨至 142 美元，但我仍然希望那一天那个人听从我的建议，以使自己的资产多样化。行为投资的最重要规则之一是结果的重要性小于过程的重要性。即使投资结果可能是对的，你仍然很愚蠢。

投资分散化已经成为资产管理中一种广为接受的优势手段，以至许多人似乎已经忘记了这样做的根本原因。从行为学的角度考虑，多元化是谦卑的具体化身，这是管理自我风险的体现。投资分散化承认了资产管理中固有的运气和不确定性，也承认了未来是不可知的。

正如下面的摩根大通研究所证明的那样，持有单一股票确实令人痛苦，近一半的股票在其存在的一生中遭受了灾难性的损失。

表 8-1　个股的灾难性损失

行业	经历过重大损失的公司所占的百分比（1980—2014 年）
全行业	40%
非必需消费品	43%
必需消费品	26%
能源	47%
原材料	34%
制造	35%
医药健康	42%
金融	25%
信息科技	57%
通信服务	51%
公共事业	13%

资料来源：艾萨克·普雷斯利，《多集中才算过度集中？带来灾难性代价的投资失误》，blog.cordantwealth.com

但投资分散化很像药物之于患者（或者说像糖果之于儿童），从某种意义上说，服用一些药物是有益的，但量多了并不总是更好。实际上，少数股票投资的持仓可以实现投资分散化，而过度分散化的投资或许会成为投资障碍。

不需要买入数百只股票就可以创建真正的分散化的股票投资组合。最早驳斥这种误解的研究之一是由华盛顿大学的约翰·埃万斯和史蒂芬·阿彻进行的。埃万斯和阿彻发现，当投资组合中增加了 20 多只股票时，分散投资的收益就会急剧下降。赖利和布朗在他们的书《投资分析与组合管理》中也提到了这一点。投资分散化的收益大约有 90% 来自 12~18 只股票的投资组合。此外，亿万富翁投资者乔尔·格林布拉特在他的书《股市天才》中表示，如果只持有两只股票，（可分散化的）非市场风险会降低46%；持有四只股票时，风险降低72%；持有8只股票时，风险降低81%；持有16只股票时，风险降低93%。格林布拉特的研究表明了大多数分散化的益处可以以多么快的速度实现，而且在股票数目超过20之后，这些益处将以多快的速度消失。

最后，晨星公司比较了高确信度持仓（少于40只单个股票）与那些持有超过200只股票的账户之间的波动性情况，最终发现："……平均来看集中度高的基金波动性水平并不比分散型基金高，有一些竟然出奇地稳定，尽管它们的持仓股票数量比较少。"正如下面看到的那样，世界上最伟大的投资者在关于平衡持仓股票数量以平衡投资分散度和投资业绩方面，是有普遍共识的，这并非巧合。

著名投资者及其关于投资组合分散化的观点

- 本杰明·格雷厄姆——持有30家"大型、著名、谨慎融资公司"的股票。
- 约翰·梅纳德·凯恩斯——"一个人可以完全了解，并且在管理方面可以完全信任"的12或13家公司。
- 沃伦·巴菲特——5~10个股票持仓，"如果你是一位知识渊博的投资者，了解商业经济学，并能找到其具有的重要长期竞争优势且价格合理的公司"。

- 塞斯·克拉曼——10~15个，因为“与对其他各种资产每个都了解一点点相比，对于个别投资了解很深入要好得多”。

根据更加透彻的理解，投资分散化不是我们为自己积累大量资产的某种游戏，而是让自己免受灾难性损失影响的一种尝试。从这个角度考虑，拥有适当的资产数量与了解我们所持有的资产同等重要。

行为投资者的大部分工作是突破各种思想流派的极端观念影响，并在最后找到明智的中间道路。那种认为仅仅拥有几只股票就足够了的想法，与我们所知道的一切有关运气、不确定性和人类易犯的错误的东西都背道而驰，因此是非常愚蠢的。但另一方面，必须参与整个市场以分散投资的想法也同样荒谬。那种认为人们对一种证券一无所知，而且所能获得的任何信息——价格、趋势、财务和质量指标、内部人士的行为——都无法让人们了解一项投资的风险到底有多大的观点，是相当悲观而且让人感到荒谬的。如果你觉得自己可以预知未来，那么你应该是极端的利己主义者，如果你觉得自己什么都不知道，那么你是极端的虚无主义者。

明智的中间立场是，通过充分分散的投资组合将特质风险（idiosyncratic risk）降至最低，同时持有足够少的证券，以防止灾难性损失。正如巴菲特在1993年的一封致股东的信中所写的那样：“我们认为，如果一项集中投资组合的政策提高了投资者对一家企业的业务思考强度，并且提升了投资者在买入该企业股票之前对其经济指标的满意度，那么该政策很可能会降低风险。根据这种观点，我们用字典上的术语来定义风险，即‘发生损失或受伤的可能性’。”

塞斯·克拉曼在《安全边际》（*Margin of Safety*）一书中进一步谈到了投资确信度与风险管理之间的关系：“我的观点是，投资者对少量投资的深刻了解胜过对大量持股的少量了解。在一定的风险水平下，一个人的最佳想法产生的收益可能比他的第 100 个或第 1 000 个想法产生的收益更高。”对毁灭性的财富破坏的预防在一定程度上是一个数字游戏，但同样也是深刻理解后的观念产物。

渴望一致性是人类生存条件的一部分，甚至（或许尤其是）对于那些强烈否认这一点的人来说也是如此。《严格》（*Exactitudes*）是摄影师阿里和造型师埃利的智慧之作，这本书的书名是“精确”（exact）和“态度”（attitudes）这两个词的缩写，这本书展示了即使是自称不墨守成规的人也坚持一套严格的社会规范方式。这本书记录了 12 个个体，他们分别属于朋克、足球流氓、海报女郎和背包客等亚文化群体。具有讽刺意味的是，在照片中，这些在人们眼里不正常的人在穿着和姿势上完全没有区别。镶满饰钉的皮革链、莫霍克式发型和破烂的朋克牛仔裤，与预科生的蓝色西装和休闲鞋一样，都是一种制服。我们和其他人一样，如同冬天里的一片片雪花。

同样，你想到的 100% 的主动型基金经理都会提到逆势投资是一项基本面价值的理念，即便其中 3/4 的人为了收取高额费用都参考了同样的业绩基准。被动管理则是明智的，真正的主动管理也是明智的。高费用、低确信度的资产管理（目前占据主动管理资产的大部分）对投资者来说是一种毒瘤，应主动避免。分散化是一个比人们普遍认识细微得多的概念，要想真正实现其潜力，就必须在投资数目上做到稳健，从投资基本面上审查并表达独特的投资观点。

能者，师也

亲爱的读者，我现在有一个很简单的问题：“你知道厕所的工作原理吗？”从 1 到 10，请说出你对厕所的工作方式有多熟悉。继续回答一下。全做完了吗？好的！现在，向我详细说明一下厕所的工作原理，我等着你。做完了吗？好吧，现在让我再问一次，从 1 到 10，你对厕所的工作情况了解得如何？

布朗大学的史蒂文·斯洛曼和科罗拉多大学的菲利普·芬巴赫的研究表明，对一种观念的教学会产生一种让人谦卑的效果，它使我们的观念更符合我们的实际理解。他们两人使用这种技巧来调节人们对一切事物的理解，从付款人的医疗保健到厕所的工作原理等，他们发现：“通常，对问题的强烈感觉并非来自对其深刻的理解。”

此练习通常称为费曼技巧（Feynman Technique），并以同名的理论物理学家命名。以量子力学工作而闻名的理查德·费曼提出了一个简单的、分为三个部分的公式，从而让人获取更多知识：

1. 试着找出你不了解的东西。
2. 试着教给自己。
3. 将它教给孩子或新手。

费曼技巧在简洁中透露出优雅，既反映了人类倾向于高估自己的能力的情况，也反映了人类将复杂性与理解混为一谈的倾向。写作、教学或向一个初学者解释一个概念的行为会产生一种让人谦卑的效果，从而可以更准确地衡量我们的理解力。下次，当你觉得必须买进或卖出一只证券或者你非常确定金融市场的走向时，请花些时间来详细解释一下为什么会这样做。你可能会发现自己的热情已经占据了大脑，没有什么比教学更能让它们同步了。

以外部视角观察

在做决策时，我们倾向于依照社会科学家所说的内部视角，即我们对一个决策的看法和感知，它是由我们自己的偏见、个人经验以及首先浮现在脑海中的那些数据便利样本决定的。相反，站在旁观者的角度意味着更加冷静地评估、更多地依赖于可能性和事实，而不是便利性和个人经验。在《三思而后行》（*Think Twice*）一书中，迈克尔·莫布森阐述了从外部看待问题的四个步骤。它们分别是：

1. 选择一个参考类别——将你的问题与其他类似的问题进行比较。
2. 评估结果的分布——检查成功率和失败率。
3. 评估概率——基于外部证据、时间线估计，失败率和成功障碍。
4. 调整你的预测——让路途的颠簸和不断变化的环境相应地调整、改变你的预测。

根据外部数据，你可能会得到一个比依靠个人经验更加现实的画面。对于一项任务，如果大多数人要花两年时间才能完成，那么你不太可能在 6 个月内完成它。外界的看法是一种对抗自我风险的有效方式，它可以提醒你，你其实和其他人都差不多。

钢铁之躯

你可能听说过稻草人辩论术，这种辩论术通过歪曲理解或攻击对方较弱的论点来驳倒对方。另一种较少被人论及但更加有效的批判性思维技巧是创造一个钢铁人，它代表了最好的思维和最严谨的经验证据的观点，并与你的观点相反。与其把稻草人当作修辞的出气筒来满足你的自负，不如建立一个钢铁人，使你的思维更加敏锐，让你看到黑暗的角落并考虑新的优势。

试着去爱问题本身

在《给青年诗人的信》中，莱内·马利亚·里尔克给自己的门徒写道：

> 亲爱的先生，我想尽我所能请求你，对你心中所有尚未解决的问题保持耐心，试着爱这些问题本身，就像爱那些上锁的房间、爱那些用外国语言写的书一样。现在不要寻求答案，因为你不能生活在这些答案中，所以不能给你这些答案。关键是，要活出一切。现在就面对这些问题本身。也许你会慢慢地，在不知不觉中，当生活在某个遥远的日子里的时候，得到答案。

西方文化喜欢确定性和虚张声势，但市场的不确定性要求我们去追求一种动态的方法，这种方法根植于对过程的迷恋，而不是去寻找灵丹妙药。矛盾的一个真理在于，只有学会爱问题本身，我们才能找到答案。

慢慢来

多年来，科学家们一直对抑郁症的进化原因感到困惑。物种往往不会以自我伤害的方式去适应环境，但脸上的抑郁状态对物种几乎没有什么好处，反而会对它所接触的生物造成很大的伤害。但最近的研究表明，深度悲伤可能具有强大的进化目的，其根源在于对问题进行反思的一种抑郁倾向。通过在脑海中反复播放消极事件，我们通常会找到解决方案，并且可以在未来的某一天实施。当下的伤害可能在未来带来长远的好处。

我们最好遵循约翰·杜威在《我们如何思维》中的箴言："要做到真正的深思熟虑，我们必须愿意保持并延长怀疑的状态，这种状态是彻底询问的动力，以便在找到合理的理由之前不轻易接受任何一个观点或对任何一个信念妄下断言。"

听大师的话

提出邓宁－克鲁格效应的戴维·邓宁给出了管理过度自信的四点建议：[72]

1. 保持终身学习状态——这是人类行为的一种怪象，你学得越多，你就越不确定。邓宁建议人们终身致力于学习，并以这种矛盾的方式保持对知识的谦卑与敬畏。

2. 慎始为上——根据第一个建议，邓宁警告说，“知识匮乏是一件危险的事情”，过早沉浸于一个想法或项目会赋予你一层浅薄的知识，让你感觉它比其实际上更有意义。

3. 慢下来——快思考是一种带有偏见的思考模式，高速运转需要我们依赖经验上行之有效的启发法，而不是从上到下彻底检查一遍问题。虽然这是一个日常做出低风险决策的好方法，但不是一个可以在真正重要的事情上投入时间和金钱的好方法。

4. 知道何时要自信——邓宁恰当地承认了自信是有它合适的位置的，尤其是在需要说服别人相信我们的想法和观点的时候。他建议，我们在评价和拟订一项建议时应保持谨慎，并对其最终的交付抱有信心。

随波逐流

羊群效应在行为金融学领域往往名声不佳，但在某些情况下，许多不同利益相关者的观点确实是明智的。从好莱坞大片、体育赛事结果到选举结果，集体的判断在各种领域已经显示了巨大的预测能力。平均经济指标也大大改善了典型估计的判断。[73] 更重要的是，这种效应可相对较快地被人观察到，只需 8~12 个单位的估计量，其结果几乎与更大的样本一样可靠。[74]

当然，所有这一切都假设了不同的错误来源，比较学究式的说法就是，相关受试者应该有不同的想法和假设。这里面的危险在于，考虑到人类倾向于证真偏差，我们倾向于把自己放在与我们在很多方面都相似的人群中，从而让这种群体性智慧的潜在益处最小化。

这项研究对投资者的实际影响至少有两个合乎逻辑的应用。第一，当预期价格将大幅偏离当前状态时，我们必须始终能够清晰地表达自己的优势。毕竟任何时候的证券价格都反映了数百万市场受试者的一致估计。如果我们有足够的勇气表明数以百万计的人将很快被证实判断错误，那么我们自己最好有一个非常强大的理由让我们这样想。第二，投资团队应尽一切努力，使心理状态尽可能多样化。通常情况下，投资委员会由几乎相同的教育状况、社会经济状况、种族和性别构成的受试者组成，这也可能导致认知上的同质性。

再猜一遍

你现在知道了，我们可以从不同的人身上汲取智慧，而且使用不同来源的错误预测往往比使用单一来源的预测更好。但是，当一个精明的行为决策者发现自己孤身一人时，她又该怎么办呢？不要害怕，因为通过辩证引导的过程，你可以以一种更少出现决策错误的方式来切分你的思维模块。

这个读起来拗口的概念的辩证部分来自哲学家黑格尔的著作，他提出了一种三分法来获得真理。首先是正题或原始观点，然后出现反题或相反的观点。经过一些讨论之后，黑格尔认为修辞上的争论者应该得出一种综合的、介于两种对立观点之间的逻辑中间地带。

在证券分析中，就像在黑格尔的哲学中一样，你可能对一种源自特定假设的证券有自己的看法。也许你看好 Acme 公司的股票是因为你相信它们有竞争力的护城河、更广阔的经济实力，或者其他相关考虑。这是你的论点，大多数金融分析师止步于此。但如果你彻底改变这些假设，像前面讨论的那样进行某种预先分析呢？如果一个暴发户威胁到了 Acme 品牌，那该怎么办？如果一个非理性的领导者发出威胁，要打一场危及经济的贸易战，那该怎么办？考虑到这些不同的情况后，你会得出一个新的目标价格。通过对最初和修正后的假设得出的目标价格进行平均，你会得出一个综合结果——最好情景和最坏情景之间的一个中点。

在对这一观点的实证检验中，赫尔佐克和赫特维希发现，辩证引导是帮我们做出更好决策的有力工具。尽管不可能强大到集合不同人群的意见，但将基于不同假设下的多个估计值综合起来的过程减少了他们样本中 75% 的错误估计值。[75] 你可能不一定会获得群众的智慧，但是，通过使用这个简单的过程，个人头脑也可以模拟许多人的智慧。

* * *

综上所述，自我风险表现在一些行为中，这些行为以牺牲清醒决策能力为代价，优先考虑我们对个人能力的需求，具体的例子可能包括老式的过度自信，当个人的想法受到挑战时倾向于自我防卫（逆火效应），或者认为个人仅仅参与一个项目就更加有可能成功的一种信念（令人敬畏的宜家效应）。

自我风险在交易记录中留下了它存在的具体证据，可能包括过度集中的头寸、频密交易和杠杆的过度使用。无论具体表现是什么，源头总是一样的——优先考虑自我，满足自我的照料和哺育，而不是做出正确的决定。这是一种自然的、无法避免的人类心理倾向，其目的是感觉自己与众不同或比一般人更好，但对于行为投资者来说，过度自信的一个深刻反思是，它必须保持在一个适当的位置。在爱和生活中抱有最美好的希望；当投资时，把握机会碰运气。

构建自我抵抗的投资组合

事实：我们应该审视自我，因为投资既需要运气又需要技巧。那么我们该怎么做呢？遵守规则胜过个人聪明才智。

事实：预测知识有可能会正确。那么我们又该怎么做呢？对未来的预测——如果必须提供预测——应该基于长期平均利率的假设，而不是故事本身。

事实：投资者明显会记错自己的收益。那么我们又该怎么做呢？记录交易决策，监控命中率、投资业绩和可能对财务决策产生负面影响的外部变量。此外，不要在鸡尾酒会上吹嘘自己。

事实：投资分散化是投资谦逊严谨的生动体现，其主要好处是保护资金。那么我们又该怎么做呢？请记住，防止灾难性衰退，一方面取决于掌握足够多的不同的信息，另一方面取决于对自己已经拥有的资产的了解。

事实：每个人都认为自己是逆向投资者。那么我们又该怎么做呢？真正的逆向思维是痛苦的，它应该引起相当强烈的自我怀疑。如果你的逆向思考不会让自己难受，那么它不太可能奏效。

第 9 章

战胜保守

每个人都想改变世界，但没有人想改变自己。

——列夫·托尔斯泰

船在港口是安全的，但这不是船的目的地。

——威廉·谢德

这是一个安静的星期六早晨，你正坐在沙发上，享受着早晨的第一杯咖啡和引人入胜的小说情节，它来自你最喜欢的小说家。出乎意料的是，门外响起了敲门声，你起身看看是谁如此轻率地打断了你的周末遐想。站在门口的是一个爱管闲事的男人，发际线很高，戴着飞行员墨镜、穿着黑色西装。他简短地出示了一下徽章，介绍自己是史密斯先生，并告诉你他有一些令人难过的消息要告诉你。

“这是一个严重的错误。”他说，同时，你清晨的舒适状态很快就变成了焦虑和烦躁，“你的大脑被错误地塞进了一个由神经生理学家创造的体验创造机器。你在生活中所经历的一切都是一个生动的模拟，是一个清醒的梦。”史密斯先生暂停了一下，让大家深刻理解这一事实揭露的巨大意义，现在他给了你选择：他可以拔掉模拟装置，让你进入“真实生活”，即便你对目前的生活一无所知，或者你可以继续沉迷于模拟装置。史密斯先生不是一个有耐心的人，所以他强调你必须立即做出决定。此时你会选择哪条路？

这个场景是杜克大学研究员费利普·德布里格提出的一个问题的变体，他的结果可能会让你大吃一惊。直觉告诉我们，与现实接触是一个重要的考虑因素，我们大多数人都希望生活在“真实的世界”中，不希望随波逐流地生活在某个由神经学家编造的模拟世界中。但是在这项研究的受访者中，59% 的人选择继续与机器连接，而选择“真相”的人只有 41%。我们与现实接触的冲动或许很强烈，但它并没有我们对熟悉事物的吸引力那么强烈。

我们的保守主义倾向也体现在史上最著名的商业案例研究中；可口可乐于 20 世纪 80 年代推出新可口可乐。商学院讨论新可口可乐时，将其视为一代人中的一次商业失算案例，但如果可口可乐高管面对的是理性经济人，而不是善变的智人，那么他们的逻辑或许就是合理的。

如果没有广泛的焦点小组测试，那么可口可乐永远不可能做出如此重大的改变。事实上，它们经过众多的口味测试发现，盲品测试者对新可口可乐的甜味偏爱程度明显偏高。但事实上，新可口可乐一经推出，经典可乐的销量仍然是新可口可乐的三倍！正如萨缪尔森和泽克豪泽在《风险和不确定性杂志》上发表的一篇文章中明确指出的那样，尽管人们明显偏爱这种新型饮料，但传统的宠儿仍将继续占据着市场销售主导地位。人们可能更喜欢新可口可乐的味道，但这种偏好被他们对熟悉的经典可乐的喜爱压倒。[76]

保守主义的来源

如果我们对现状的趣味仅仅局限于无聊的《黑客帝国》电影场景或对于可乐的喜爱，那么它可能不值得我们花费太多时间，但我们对保守主义的偏好对我们的生活质量和投资决策有着深远的影响。

军事人员之所以重新入伍，往往是因为他们不知道自己之后还有什么其他的选择。[77] 专业销售人员如此努力地将自己的产品或服务置于竞争之上，是因为他们实际上面对的是一个更加强大的敌人，即惯性。根据销售基准指数，60% 的合格的潜在客户以“没有行动”告终，这意味着潜在客户没有做出选择。退休储蓄肩负着为未来财务状况做准备这一至关重要的使命，他们往往只会选择公司的默认选项，这一趋势被理查德·塞勒及其同事巧妙地转化为投资者优势。[78] 是的，保守主义无处不在。人的心理和神经过程有助于解释它的普遍性。

伦敦大学学院进行的一项研究调查了与“现状偏差”有关的神经通路，发现我们面临的抉择越困难，就越有可能倾向于不采取行动，这项研究发表在《美国国家科学院院刊》杂志上。研究人员让受试者玩一场叫作“过线判断”的网球游戏，同时用功能性磁共振成像（fMRI）扫描他们的大脑。研究人员向受试者展示了一个落在端线附近的网球，并要求他们判断球是落在线内还是线外。

在每种情况下，他们都有一个默认选项，受试者必须继续按住一个按钮来表示同意默认选项，用释放按钮来表示改变。结果显示，人们选择默认选项的倾向是一致的，他们还注意到这种倾向随着要求判断的声音的加大而变得越来越明显。同时，核磁扫描显示，随着任务难度的增加，错误变得越来越明显。在拒绝默认的情况下，丘脑下核被激活。研究人员还注意到，前额皮质的活动有所增加，该区域以处理复杂的心理问题而为人所知。这项早期的研究表明，丘脑下核可能是大脑中最重要的部分之一，它与做出艰难的决定和改变现状有关，这些都是一类耗费力气、认知成本非常高的行为。[79]

另一项研究发现，拒绝现有状态的错误比接受现状的错误对神经系统的影响更深远。简单地说，如果你马上要犯错，那么你的大脑宁可让你什么都不做。这种非对称性与“后悔厌恶”的心理概念是一致的。“后悔厌恶”指的是人们在采取某项行动并遭受损失时，要比待在原地一动不动后遭受同样的损失更容易对自己感到沮丧。维持现状不会被看作一种选择，无论这种选择是多么的执迷不悟。因此，当自满情绪最终带来糟糕的结果时，我们往往会对自己宽容一些。[80]

我们观察到的许多保守主义的行为，实际上都与大脑处理信息方式有关。在平静的状态下，大脑需要 8~10 秒来处理新信息，而压力的存在大大延长了大脑的反应时间。在减缓了整个过程之后，压力实际上可能会让我们专注于一个单一的解决方案——可能是默认的或现有的解决方案——而不会考虑其他选择。进化心理学家认为，这种近乎瘫痪的状态实际上可能会让一些动物获得生存优势，因为掠食者不太可能看到静止不动的猎物。但是，就像鹿在森林里要比在高速公路上更容易静止不动一样，与华尔街相比，你在非洲平原上更容易静止。

人类保守主义的倾向，由之前讨论过的一些神经过程驱动，表现为一系列非理性认知过程的相互作用，包括禀赋效应、纯粹曝光效应、本土偏好、后悔厌恶和损失厌恶。还记得我们之前的讨论吗？人类的大脑和身体总是希望以最简单的方式来运作。依靠过去一直以来的成功经验是一种非常有效的认知方法。毫无疑问，随着决策变得越来越复杂或者权衡过程变得越来越疲惫，保持“留在原地不动”的趋势会变得越来越明显。

理查德·塞勒提出，这种倾向根植于禀赋效应，或者说，是一种倾向，就像仅仅因为某件东西是我们自己的，我们就万分珍视它一样。无论它是一种看待世界的方式、一种政治意识形态还是一种物质实体，我们往往只是因为拥有它而喜爱它。虽然这种倾向对我们的自我价值感有明显的有益影响，但它让我们更加难以冷静地评估熟悉的事物的真实价值，而不是评估一种新的存在方式。丹尼尔·卡尼曼将我们的惰性行为归因于我们对损失的厌恶，他认为，维持现状成了我们的参照点，偏离现状——甚至是一些积极的偏离——都被视为一种损失。考虑到潜在损失带来的恐惧感是获得潜在收益带来的快感的两倍多，所以旧的行为方式趋于僵化。

应对保守主义的工具

现在，你已经意识到，自己在做决定时会有一种依赖于安全感和熟悉的事物的倾向，而且这种倾向会产生危险的后果。在实际生活中，我们怎样才能克服这种保守主义的自然倾向呢？

放眼世界

本土偏差是一种认为国内股票比国际股票更安全、更容易理解的倾向，这意味着世界各地的人在本国以外的国家投资不足。根据经验，你持有某个国家股票的比例应该与该国市场在国际舞台上的规模大致相符。根据摩根士丹利的数据，美国所有股票的总市值比全球总市值的一半略低。然而，美国投资者对美国本土股票的平均配置比例达到了令人难以置信的 90%！[81] 这种在地域上的偏袒甚至延伸到了美国的各个地区，东北部的人倾向于增持金融类股票，中西部的人倾向于增持农业和能源类股票。

如果说只购买自己了解的股票的这种行为倾向在美国是很危险的，那么想想它对那些只占世界市值一小部分的国家会有多大的破坏性。例如，英国投资者把近 80% 的权益投资投在英国公司，尽管英国在全球市值中所占的比例不到 10%。

令人难以置信的是，专业投资者受本土偏差的影响似乎和新手一样大。曼彻斯特大学和兰卡斯特大学的研究人员对美国、英国、欧洲大陆和日本的基金经理进行了调查，询问他们对美国股市的预期。1995—1999 年，美国基金经理对股票在未来 12 个月的走势预测，远比世界其他地区的基金经理乐观。同样，当美国基金经理被问及对世界其他地区的股票的看法时，他们对其增长的预期也远低于其他国家的基金经理。[82]

马克·吐温曾有一句名言："旅行对于偏执和狭隘的人来说是致命的，我们都非常需要旅行。"人们对事物广博、健全而慷慨的看法是不可能从一个一辈子只生长在地球某一个小角落里、过着单调生活的人那里获得的。马克·吐温当然是在说要实实在在地去探访新的地方，但投资者最好留意他自己的观点，因为这与投资有关。在不熟悉的地方投资时，人们普遍存在一种狭隘的心态。我们都应该明智地认识到，勤奋和创造力不是任何一个地方的专利，之后再相应地进行投资。

选择明天而非今天

我们人类自我保护系统的进化是有意义的。在不久之前（就进化时间而言），我们的祖先每天都要做关于出生死抉择。对于生活在非洲大草原上的人来说，在应该走弯路的时候选择锯齿形线路可能意味着生命的结束。从历史上看，这种决策过程可以保护人身安全，确保人身需求得到满足。在这种生死攸关的情形下，以自我实现为代价，使风险最小化是必然合乎逻辑的。然而，在这几千年里，事情发生了变化，但我们的思维模式没有跟上步伐。

在发达国家，大多数人对马斯洛金字塔底层的需求已经得到满足——他们有足够的食物、水、睡眠和安全。在满足了这些基本需求之后，他们就不得不讨论归属感和自我实现等更为抽象的问题。留给我们的是一个不适合现代环境的大脑和决策模式。在一个安全无处不在而快乐难寻的环境中，我们被模式设定为主动选择安全，甚至以牺牲快乐为代价，除非我们学会训练自己的大脑去评估收益和风险并达到平衡，否则我们仍将受困于一种风险厌恶的生活，这种生活让我们无法承担那些可能使我们幸福快乐的风险。

假设你面前只有两种不同的投资选择——资产 A 和资产 B，你必须在这两种选择中选择风险最小的那个。在过去的 100 多年里，资产 A 在 10 年滚动周期的 80% 的时间里表现优于资产 B，在 30 年滚动周期的 100% 的时间里表现最佳，30 年滚动周期与为退休储蓄资金的时间是一致的。资产 A 在 20 年滚动周期里完全战胜了通货膨胀，而资产 B 只在 31% 的时间里能战胜通货膨胀。经通胀调整后，资产 A 的年化收益率为 7%，而资产 B 的年化收益率为 1%。

你认为这两种资产中哪一种风险更大？是资产 A 还是资产 B？

如果对这两种资产进行这样的识别和判断，那么几乎所有人都会选择资产 A 作为这两种资产中风险较小的那一个。毕竟，就像资产 B 在大部分时间内所表现的那样，没跑赢通胀也只是“赔钱”的一种花哨说法。但是，资产 A 是股票，通常被人认为是比债券资产 B 的风险大得多的投资类别。

那么，我们对风险的感知为何与这两种资产类别的实际表现存在如此大的差异呢？在市场中，就像在生活中一样，人们倾向于根据短期伤害而不是长期回报来评估风险。股票无疑具有短期伤害的潜力，尽管随着时间的推移，股票具有极大的可预见性和回报性。恐惧的投资者把今天看得比明天更重要，把确定的平庸看得比可能的伟大更重要，因此他们给行为投资者提供了“一种高到令人难以置信的股票风险溢价”。这种奖赏可以通过做相反的事情——更加看重明天，而非今日——来获得。

买你（不）了解的东西

如果我让你说出有史以来最著名的一幅画，你会选哪一幅？很多读者很有可能会想到达·芬奇的《蒙娜丽莎》，它可以说是世界上最具标志性的艺术作品。但是你知道吗，我们现在公认的杰作，在不久前还被认为是他作品中相当平庸的一个。在《蒙娜丽莎》如何成为卓越艺术化身的故事背后，是一个严重依赖人类心理的犯罪活动和阴谋。

1911 年，卢浮宫的一个杂工把这幅画从原来的位置上拿了下来并带回家。《蒙娜丽莎》周围完全没有安保措施，这证明这幅画在当时非常普通，直到 24 小时后才有人注意到这幅画不见了！但是，直到报纸开始报道这次盗窃的时候，人们对这幅画的了解才慢慢增加，因为围绕着这起盗窃案的神秘事件已经成了媒体聚焦的热点。两年后，《蒙娜丽莎》被找回，此时它已经成为博物馆里最受欢迎的画作，充满好奇的参观者争先恐后地想看看这幅画之前到底发生了什么。《蒙娜丽莎》在盗窃案发生后才受到广泛关注，赢得艺术界的尊重。在我们的想象中，《蒙娜丽莎》之所以受欢迎，是因为它的特别，然而在现实中，正是因为它先受到广泛关注，才让人感觉如此特别。[83] 描述这种现象的心理学术语是“纯粹曝光效应”，在这个过程中，我们仅仅是因为熟悉某物才产生了对它的偏爱。

著名的彼得·林奇曾鼓励投资者“买你了解的东西”；看看你每天使用的产品和服务，寻找并选择下一只伟大的股票。恕我直言，对于一个真正厉害的投资者来说，这是一个极其愚蠢的建议。我们的保守本性已经意味着我们在熟悉的事物中看到的风险会偏低，因此，我们很可能已经高估了我们所知道的东西。我们把“已知”和“可取”混为一谈的倾向相当明显，以至我们实际上认为拥有容易发音的股票代码（如 MOO）代表的股票要比那些发音困难的股票代码（如 NTT）代表的股票的风险要小。因此，你与其在当地的商场里搜寻下一个大的投资点子，不如制订一个计划，在不同地区和不同资产类别之间实现多元化，无论它对你来说是熟悉的还是陌生的。

忘掉你拥有的东西

电车难题是许多哲学和伦理学课程中使用的论题。对问题的一般形式稍加修改，描述如下：

有一辆失控的电车沿着铁轨飞驰而去。在铁轨的前方，有 5 个人被绑住了，动弹不得。电车径直朝他们驶去。你站在离电车还有一段距离的地方，旁边是一根操纵杆。如果你拉动这个操纵杆，电车就会换到另一组轨道上。然而，你注意到，有一个人被绑在旁边的那个轨道上，而这个人是你的朋友。你现在有两个选择：

1. 什么也不做，然后电车撞死了绑在主轨道上的 5 个人。
2. 拉动操纵杆，让电车换到另一条轨道上，这样它将撞死你的朋友。

你会选择哪个让人不悦的选项呢？从功利主义者的角度来看，通过拉动操纵杆来拯救大多数人的生命其实是最理想的结果。在其他条件一样的情况下，我认为大多数人都会认为拯救 5 条生命比拯救一条生命的做法更可取。然而，我想许多人都会选择不去拉动操纵杆，尽管从最实际的意义上讲，拉动操纵杆会产生更好的结果。你会做出这样的选择有两个原因，它们都根植于保守主义。

首先，通过拉动一根操纵杆来改变现状，就像是做了一个决定。拉与不拉都是在做决定，但行动比不行动更要凭借意志去行事。其次，你的朋友受益于你个人的熟悉度偏差，因为你不熟悉其他 5 个人。你了解你的朋友，这种了解从根本上改变了你对是非的看法。当你研究、购买或跟踪一只股票时，一个类似的版本（诚然并没有那么戏剧化！）也会起作用，你对证券的熟悉程度和所有权意味着你将其感知价值提升至实际价值之上。

最保险的方法是什么呢？你不该知道自己拥有的是什么。这个建议让大多数人印象非常深刻，但它是基于常识的。事实上，一些基金经理已经接受了这一观点。《今日美国》在一篇关于行为投资经理托马斯·霍华德的文章中写道：

> 托马斯·霍华德的投资方式可能是有史以来最奇怪的。这位 66 岁的前商学院教授甚至是在不知道公司名称的情况下买卖股票的。他并不知道在这些股票上花了多少钱，也不关心股票是涨是跌。但是，在两年的时间里，在华尔街的大起大落中，这种闭目塞听的方法已经使他的旗舰基金雅典娜纯基金的年化平均收益率达到了 25% 左右，使它成为市场上最好的投资产品之一。[84]

由于所有权扭曲了价值观念，导致了糟糕的买卖决策，因此，所有权方面的情况应该对基金经理保密。只有这样，人才能在不受到禀赋效应束缚的情况下，做出基于规则、头脑冷静的投资买卖决策。

拥抱风险带来的混乱

“在3万英尺[①]高的地方进行安全出口检查？嗯，是一种安全的幻觉。”

泰勒·德登在《搏击俱乐部》中对航空公司安全协议的口是心非进行了猛烈抨击，这与财务顾问向客户发放风险承受能力问卷的徒劳之举如出一辙。风险承受能力问卷给人一种安全性和洞察力的错觉，并与研究结果相悖，研究表明冒险行为是领域特定的、受环境驱动的动态的。一些学者试图通过一些看似深奥的戏法来绕过这一点，企图将风险承受能力与风险感知区分开来。

风险承受能力被定义为你对风险静态的、长期的态度，而风险感知则是动态的、与环境相关的那部分，在市场动荡期间更有可能波动。学者们很快指出，风险承受能力是不变的，并且他们有相关研究可以证明这一点。他们说，本质上，尽管你可能因为一时冲动的风险感知而做出错误的行为，但你也可以在内心深处对风险回报的权衡（风险承受能力）有正确的认识。对于那些在错误的时间进入和退出市场的投资者，或者那些接到客户电话后陷入困境的投资顾问来说，这种象牙塔式的“事实”几乎没有什么实际用处。最后，风险行为（risk-taking behavior）才是最重要的，而且风险行为是可以改变的，而且与环境有关的这个事实仍然成立。

一些风险承受能力问卷试图通过询问非财务的风险行为来得出投资者的风险偏好。虽然这会给原本相当保守的事情平添一些

① 1英尺=0.304 8米。——编者注

趣味，但你的蹦极嗜好与你在熊市中持有股票的能力高低毫无关系。正如尼科尔森、芬顿-奥克里维、索恩和威尔曼指出的那样："没有一份心理学问卷能够预测多个领域的风险行为，或者可以解释为什么在财务决策环境中高度风险厌恶的人会去追求极度危险的运动。"[85]

风险承受能力问卷的另一个策略是询问假设，比如"如果市场出现20%的回调，那么你会怎么做？"并且希望这种假设在实际市场动荡时期会有一定的预测能力。但科学再一次给我们泼了冷水："此外，几乎没有直接证据表明，书面假设的财务决策与涉及实时市场交易的实际财务决策之间存在相关性。"[86]

大量研究表明，冒险行为与受试者的情绪状态和任务的情绪产生属性有必然联系。例如，当一项任务被消极地定义（"这是你可能会失去的东西"）而不是被积极地定义（"这是你可能会得到的东西"）时，人们会冒更大的风险。情绪也与风险行为密切相关，而那些由积极情绪引导的人对风险的感知会出现扭曲。罗闻全和他的同事们认为，风险行为在很大程度上受到情景变量的影响，因为它们与投资者的情绪不稳定的状态相互作用：

> 这些局限性表明，风险承担可能与情景有关，而根据一些标准化的维度来描述情景可能是更有效的研究方向。我们认为，决策者的情绪或情感状态以及环境的某些情感属性是这种描述的合理备选答案。[87]

虽然大多数风险承受能力问卷对乏味的、存在于大脑中的风险概念进行测评，但冒险的混乱生活体验发生在个人神经质和特定情况下引发恐惧的本性的交汇处。由于大多数问卷无法对情景或情绪反应进行测评，因此它们的效用有限，也许这就是茨威格的报告说问卷的重复测试的可靠性（同一个人在随后的重复评估中得到相似结果的可能性）与“抛硬币”实验类似的原因。赫拉克利特的“没有人会两次踏入同一条河流，因为这不是同一条河流”的思想非常适用于风险管理。

消除对损失的恐惧

在美国历史上第二次最严重的金融危机的阵痛中，汽车制造厂商现代推出了一项计划，显示了对人类心理的深刻理解，这可能也是拯救了他们公司的一大原因。那时候由于对经济上的担忧，人们推迟了大笔支出计划，而且各个经济阶层的人都有面临失业的现实情况，现代推出了保证计划并向消费者承诺，如果他们失去工作，公司将回购他们的汽车。最后仅有 350 人把车卖给公司，但是现代汽车公司的这一做法消除了消费者对大笔购买行为的恐惧和焦虑。在许多汽车制造商濒临破产的时候，现代汽车公司于 2009 年卖出了 435 000 辆汽车，销量增长了 8%。[88]

或许，如今主动投资管理最肮脏的小秘密是，许多基金经理非常担心自己的工作，以至许多被视为主动基金管理的资产实际上只是在做带有主动费用的被动投资管理。霍华德在探索主动管理型指数投资时发现，“对于那些典型的基金，低度确信头寸的数量是高度确信头寸的三倍”。[89]

马泰恩·克雷默斯和安蒂·佩泰伊斯特在他们2009年的论文中引入了主动投资比率的概念，即一个投资组合和与其相比较的基准业绩的差异度。他们发现，真正的主动型基金经理（那些与自己的指数有60%或更大差异的基金经理）在历史上的表现更好，而更大的差异往往会带来更大的投资业绩。

在2013年的最新报告中，佩泰伊斯特发现，1990—2009年，主动投资比率较高的投资组合的表现明显好于市场，而且在危机期间，这些基金往往表现良好。正如他指出的:“我发现，最主动的选股者能够为他们的投资者增值，在扣除所有费用和支出后，他们的业绩比基准指数每年高出约1.26%”。

科恩、波尔克和席力于2010年发现，在基金的最佳投资理念（由头寸规模决定）下，每年平均产生6%的超额收益。更重要的是，他们发现，随着头寸大小的缩减，业绩表现会逐步回落。围绕着主动型基金经理以往表现不佳的话题，很多人得出了一个错误的结论：这些经理没有选股能力。相反，似乎困扰主动型基金经理的不是成功选股的能力，而是能够集中精力去选股的勇气，从而让他们获得成功并带来超额收益。

雇用专业人士的公司必须从现代汽车公司身上吸取经验教训，消除与跟踪误差和职业风险相关的恐惧和焦虑。行为投资者应该鼓励创新、勤奋、诚实，最重要的是坚持深思熟虑的过程，而不是担心自己的饭碗，只有在职业激励、最佳实践和对人类行为的深刻理解相一致的情况下，我们才能得到我们真正想要的那种主动型的资产管理公司。

拖延（一点点）

治疗过度的保守主义最惊人的方法之一，可能就是你已经在工作中做过的这件事情——拖延。蒂尔堡行为经济学研究所的研究发现，当被要求立即做出决定时，受试者选择默认选项的概率为 82%，而在短暂的延迟后，这一概率减少至 56%。速度往往是良好决策的大敌，即时性促使我们依赖有偏见的思维并过度依赖于现状。[90] 所以，当你有一个需要做出重要投资决定的任务时，花点儿时间重新考虑一下你当前的选择，看看你之后是否还会这么想。

减轻灾难

彼得斯和斯洛维奇将风险的心理因素分为两个阵营——恐惧和未知的风险。恐惧是资本灾难损失的代名词，未知是不可预见的灾难的风险。

学者们对于风险和不确定性的区分在于，前者的概率是已知的，而后者意味着模棱两可的赌博。用一副纸牌玩 21 点是有风险的，而在风险和不确定性的统一体中，资本投资处于两者之间的水平。虽然一开始这看起来像是语义上微不足道的区分，但神经成像研究表明，风险和不确定性实际上激活了大脑的不同区域。利用功能性磁共振成像技术，研究人员发现，能激活额叶脑岛和杏仁核的是模棱两可而不是风险。同样，他们发现，大脑受损的受试者在危险和不确定分别出现的情况下，大脑活动没有表现出任何差异，具有讽刺意味的是，这让他们比神经正常的同龄人更理性。

概率（已知的）被人知晓的风险情景对（人们的）逻辑思维和统计思维有利。像资本市场这种“未知的未知”广为泛滥的不确定情况，需要以经验法则的形式放松控制。资本投资伴随着大量的未知因素，但不确定的结果使得对确定流程的需求更加重要。当行为投资者在较长时间内倾向于对他们有利的概率时，不确定性减少了，通过正确理由来获得正确结果的概率增加了。

尽管我们不喜欢不确定性，但如果没有它，我们的世界就会变得沉闷不堪。股票将不再产生盈利，体育赛事将变得乏味，喜剧也将失去吸引力。想想那些保持单身的人吧，他们避免了心痛的风险，在这个过程中挖掘到的却是孤独。想想那些想要成为企业家的人，他们绝不会在信念上实现飞跃，只会把时间浪费在自己讨厌的工作上。具有讽刺意味的是，过度损失厌恶的人最害怕这种情况：在试图控制局面的时候，这些令人害怕的事情偏偏要发生。因为这个世界扭曲了人们的恐惧，行为投资者要对风险和不确定性有清醒的认识，只有这样，他们的生活才能变得更加富足。

不后悔

大多数保守主义都可以被归结为对于遗憾的厌恶——我们宁愿因为不采取行动而失败，也不愿通过采取行动而获得成功。另外，建立一套基于规则的系统是最好的方法，可以避免由后悔厌恶带来的麻痹无力感。研究得出结论，买进、卖出和持有的投资决策都要在冷静的状态下做出。这种基于规则的方法完全不考虑谨慎性，让基金经理在精神上成为替罪羊。如果投资出了问题，那么责怪模型比责备自己感觉更好。

做最坏的打算

为什么庞贝的居民会眼睁睁地看着维苏威火山喷发数小时却没有撤离？为什么卡特里娜飓风逼近新奥尔良时，成千上万的人没有离开？为什么泰坦尼克号上的乘客无视下船的命令，甚至在这艘豪华客轮接近冰山时，眼看着自己的生命终结？

前面提到的在灾难面前无能为力的每一个时刻都是想象力失败的一部分,被称为“常态偏差”。简单地说,“常态偏差”就是相信“过去的一切就是未来的一切”。庞贝古城曾发生过地震，新奥尔良也曾下过暴雨，但是在灾难发生之前，每个城市的市民都以为这一次会和上一次一样。“常态偏差”估计会对我们 70% 的人产生影响，会使我们相信我们经历过的就是我们将会经历的。[91]

社会学家托马斯·德拉贝克在 2001 年的一项研究中发现，在安排人们逃离一场自然灾害时，一般的撤离者在决定如何行动之前，会从四个不同的渠道核实情况。[92]《当灾难降临》一书的作者、记者阿曼达·里普利认为，面对危机时采取行动的决定由三部分组成，分别是否认、深思熟虑和果断行动。虽然里普利的框架是为了应对自然灾害而创建的，但对于那些发现自己同样处于潜在金融危机阵痛中的投资者来说，它可能也很有价值。

行为投资者从一开始就不否认这一点，他们知道金融动荡是每个投资者一生中非常自然的一部分，平均每年都会发生调整，平均每 3.5 年就会出现一次彻底的熊市。从一开始就理解并接受高水平的波动是稳健投资的先决条件：如果你以前见过它，那么你还会再见到它，如果你没有经历过，就再等一会儿。

深思熟虑和果断行动都可能是有问题的，因为在最需要掌控自己所有能力的时刻，我们的心理却往往处于最糟糕的状态。正如我在《行为投资原则》中提到的，投资者在财务压力下平均会损失 13% 的智商。在面临潜在威胁的时刻，应对不良行为的最佳解药是全天候地坚持风险管理投资体系。系统的具体类型，无论是分散化的简单过程，还是复杂的战术体系，都远不如平时规定规则、战时遵守规则的纪律重要。

一种基于行为觉知的投资范式，在躁狂和恐慌时期应该具有强大的抵御能力，甚至比历史上所观察到的更为严重的时期还稳健。值得重申的是，世界上每个发达国家都遭受过来自股市的至少 75% 的损失，因此，至少在你的有生之年，这种程度的灾难是可能发生的。但是需要行为投资者准备应对的是可能发生的事情，而不是已经发生的事情。毕竟，如果时间足够长，那么谁也不能保证历史上的大萧条就是最大规模的大萧条。行为投资者最困难的工作是建立一个系统，该系统要让人认识到这样一个事实：大多数市场波动都是短期现象，同时仍要谦卑地尊重金融市场的罕见能力，即它能够以几乎不可修复的速度摧毁资本。

翻转脚本

沃伦·巴菲特的得力助手查理·芒格最出名的一句话是“反转，总是反转”。虽然这句话是芒格普及推广的，但最初的想法来自受人尊敬的数学家卡尔·雅可比，他提倡深思的益处，如思考“我为什么会错呢”或者“看待这种情况的另一种方式是什么”。尼克·博斯特罗姆主要以其对人工智能的末日的思考而闻名，他用同样的方法提出了一个更详细的定理，他称之为反向测试。博斯特罗姆说：

> 当改变某一参数的建议被人认为会产生整体的不良后果时，可以考虑在相反的方向上改变相同的参数。如果这也被认为会产生整体的不良后果，得出这些结论的人就有责任解释为什么我们的状态不能通过改变这一参数而得到改善。如果他们做不到这一点，那么我们有理由怀疑他们受到了现状偏差的影响。[93]

为了让这些想法更直观一些，想一想你早上喝的咖啡。我们假设你已经采纳了许多个人理财专家的建议，对每一笔开销都要提出质疑，并且每天都要面对你对星巴克的上瘾状态。但是若运用反向测试，你不需要问你自己是否要花 5 美元买咖啡，而是问：“我愿意接受 5 美元而不去喝咖啡吗？”如果答案是肯定的，那么你应该放弃买咖啡。芒格和雅可比关于反转和博斯特罗姆关于反转的建议都提供了简单但有力的方法，以此来重新构建我们的思维，使我们从传统转向更为清晰的思维方式。

* * *

保守主义风险是我们在收益相对于损失、现状相对于变化上的非对称偏好的副产品。我们喜欢胜利远多于失败，喜欢旧方法远多于新方法，所有这些会扭曲并阻碍我们看清世界的能力。可以观察到，保守主义的影响体现在很多方面：我们对新方法、新事物的抵制（现状偏差），相对于风险的大幅增加我们更倾向于完全不承担风险（零风险偏差），以及一种将现在的自我置于未来自我的需要之上的倾向（双曲贴现）。

对熟悉事物的偏爱或许是可以理解的，但它也会剥夺我们认识新朋友、探索新生活方式和合理分配财富的一系列机会。拥抱不熟悉的东西算是一种承诺和保证，它一定会丰富你的生活，同时也会提高你的投资水平。

打造抵御保守主义的投资组合

- 事实：与长期表现相比，一种资产类别的风险感知通常与它的短期表现关系更大。那我们又该怎么做呢？行为投资者大量买入感知风险大于实际风险的资产，如股票等。
- 事实：风险承受能力更多地取决于环境而非个人。那我们又该怎么做呢？避免那些引起恐惧的情况，并确保组合管理过程是基于规则的，而不是随意的。
- 事实：泡沫是资本市场的一个自然的、反复出现的特征。那我们又该怎么做呢？建立一个基于规则的系统，以避免不常发生（比如每隔几年）的灾难性损失。

第 10 章
提升专注力

这是一件很悲哀的事，如今几乎没有无用的信息。

——奥斯卡·王尔德

1692—1693 年，在马萨诸塞殖民地进行的塞勒姆女巫审判导致了 20 多名妇女的死亡。对女巫的恐惧从欧洲转移到了北美新大陆，在那里，从 14 世纪到 17 世纪末，成千上万被人怀疑与魔鬼勾结的妇女被处以死刑。17 世纪末，法国和英国之间的威廉王之战在北美殖民地上爆发，数以百计的难民流离失所，其中许多人逃往塞勒姆。难民的涌入给本已苦苦挣扎的社区带来了巨大压力，也为癔症提供了温床。1962 年 1 月，当地神职人员的女儿和她的两个朋友开始表现出奇怪的症状：说出让人难以理解的话语，肢体扭曲以及间歇性愤怒。

作为三个孩子的父亲，我觉得这些内容听起来就像我们家的任意一个星期二，但我离题了。当地一名医生将她们的症状归咎于超自然现象的刺激，这些女孩指控三名妇女对她们施了魔法，这三名妇女分别是一位老妇人、一名无家可归的女子和一位加勒比奴隶。前两个人极力否认这些指控，但这个名叫蒂图巴的奴隶承认自己与黑暗势力相勾结，由此导火索被点燃，沉睡的女巫开始歇斯底里地在殖民地肆虐横行、胡作非为。

从表面上看，这些殖民者是虔诚的基督徒，信奉法律和秩序，但他们不能在没有证据的情况下就草率地烧死一个女巫。猎巫专家们提出了许多理论来判断一个女人是否真的是女巫，其中包括目击者档案和“幽灵证据”，比如梦到被被告诅咒。但是最著名的是关于水的测验。将被告扔进水里，浮力被视为有罪的证据，溺水被视为诬告的证据（也是对当场无辜死亡一方的小小安慰）。原告则私设了一个非法的法庭，并按照一套规则来运作，但无法收集相关数据。水案审判的第 22 条军规显然表示的是你要么有罪，要么死亡，在做出重大决定时，这很难成为我们所期待的那样对证据做出冷静的权衡。

注意力风险产生于我们对信息进行相对评估的一种倾向，在做出投资决策时让显著性胜过概率。显著是一个心理学术语，它意味着我们的注意力会被高恐惧低概率的事情吸引，比如鲨鱼袭击，而忽略低恐惧高概率的事件，如在繁忙的街道附近自拍（是的，去年死于自拍的人数比被鲨鱼攻击死亡的人数更多）。这导致新英格兰人忽视了女巫审判根本无法取胜的本质，并同时引发了一场道德恐慌，这些故事虽然荒谬，却十分生动。

注意力风险还会让我们对不熟悉的股票给出一个风险更高的评级，并对国内股票（本土偏好）和熟悉的股票（纯粹曝光效应）表现出更多偏好，而不顾这些股票的基本面特征。在一个注意力被视作宝贵资源的世界里，我们必须警惕各种各样的噪声贩子。要做到这一点，需要一个系统将不和谐的信息和有意义的信息区分开来，这也是我们接下来要做的事情。下面的三种测试将会帮助你在看到它的时候有效地识别这种风险。

关于投资理念的三个测试

一个被行为投资者认为富有价值的投资理念，若要形成，首先需要迈过第一个障碍：此理念需要有丰富的历史经验支持。这些数据必须支持你自己的论断。

但是，如果没有数据支持的理论给我们带来了女巫审判，那么必须要指出的是，没有理论指导的数据也可能同样危险重重。我之前提到过，孟加拉国的黄油产量和标准普尔 500 指数之间的协方差是 95%，这个数据是存在的，但相应的理论却不存在——为什么这两个数据之间会有关联呢？还有一个类似的虚假相关性是“超级碗”指数，该指数指出，如果美国橄榄球联合会（AFC）的球队赢得了“超级碗”，那么我们将经历一个熊市，而美国橄榄球联合会的胜利则预示着之后的牛市。20 世纪 70 年代，伦纳德・科佩特首次“发现”了这一指标，此时他意识到，在此之前这一指标从未出错。截至 2017 年，超级碗指数仍然保持 80% 的成功率。

就像没有数据支持的理论会导致女巫审判一样，没有理论指导的数据也会导致我们追逐的往往是真理的幻影。如果没有绝佳的理由让一个数据点与丰厚的收益相关联，那么二者之间很可能不会有关联。因此，可靠的理论是第二个障碍。

在大多数寻求真理的过程中，只要找到有令人信服的理论框架支持的经验证据就足够了。但金融市场有一些特殊情况，因为理论合理、有经验支持的异常现象很容易在发现后立即被人套利。聪明人发现市场的真相后，会与世界分享，渴望收益的套利者可以确保这些真相持续的时间不会太久。

以“日历效应”为例，这一市场异常表明，由于资金流动和其他变量，一个星期或一个月中的某些日子可能会带来巨大的收益。日历效应最初是通过研究数据发现的，因此它突破了我们的经验障碍。日历效应的存在还有一个合理的原因，诸如纳税、收取薪水和投资组合再平衡之类的事件在时间安排上有一定的规律性，并且这种规律性带来了真正的机会，因此符合理论的检验。

但是，日历效应以及许多其他市场异常缺乏的，是行为投资者需要的第三个也是最后一个特征，这个特征一定归因于一种持久的心理倾向。用日历效应套利并没有心理上的痛苦。在一个月的某一天购买与在另一天购买一样容易，因此这种效应消失的速度几乎和它被发现的速度一样快。一个值得行为投资者考虑的因素，必须在经验上获得支持、理论上合理，并且在行为上不动摇。

当要确定一个变量是否满足第三个也是最难确定的这个障碍时，时间就是一个很好的指引。林迪效应是以纽约的一家熟食店命名的，它的意思是一个想法的预期寿命与其当前年限成正比。简而言之，经受了时间考验的思想更有可能经受住更长时间的考验。人们阅读荷马的著作已有数千年的历史了，我们可以预见，500 年后的中学生仍将拾起《奥德赛》阅读下去。金·卡戴珊的自拍画册《自私》（*Selfish*）最近登上《纽约时报》的畅销书排行榜，目前销量超过《奥德赛》。但林迪效应告诉我们，尽管《自私》出版后立即受到读者的强烈欢迎，却不太可能像《奥德赛》那样经久不衰，这恰恰是因为它目前还没有经受住时间的考验。

日历效应的发现，让几位教授获得了终身任期，之后很快人们就用它来套利。相反，随着时间的流逝，诸如价值和动量之类的因素会随着时间的推移而持续存在，可以说是对林迪效应的有力支持。它们经受住了考验，因此可能仍会继续经受考验。虽然在文学作品中，品质、独创性和重要性可能是林迪效应持久力的一些标志，但在资本市场中，心理学似乎扮演了这个角色。

价值投资从心理层面来讲是非常困难的，这一点将在本书的最后一部分详细讨论。因此，尽管我们知道它是有利可图的，但仍然需要长期坚守，你可以阅读每一篇学术期刊上的文章和沃伦·巴菲特的传记，但你仍旧发现自己很难买到这种风格的标志——不怎么受人欢迎的股票。价值投资有经验上的支持、理论上的合理性，同时它也是根植于行为的，因此符合所有这三个投资标准。

与直觉相反，结果是一个非常糟糕的预测器，它难以预测战略健全与否。一个打破了三年的纪录（对大多数机构投资者来说是最低的门槛）的市场，仍然有 12.5% 的概率获得全部运气。如要将运气和技能区分开来，需要将近 25 年的投资经历，这意味着，只有在一位投资经理即将退休的时候，你才能通过投资结果来判断他是否优秀。结果的欺骗性使我们对理论、数据、心理学及其相关的事物更加关注。

我的父亲是一位非常有原则的男人，也是一位扶轮社员，他的书桌上有一块写有扶轮四大测试内容的牌匾。测试的四个部分分别是：

1. 这是真理吗？
2. 它对相关各方公平吗？
3. 它可以实现善的心愿、建立更好的友谊吗？
4. 这对所有相关的人员都是有益的吗？

这四个简单的步骤为我们提供了一个指导框架，我父亲使用它来评估他正在考虑的各种活动的质量。以同样的方式，行为投资者可以利用投资理念的三个条件来评估现有研究的可靠性以及无法避免的新的异常。资本市场的真理以一种感官上显而易见、心灵上令人愉悦的方式出现，但凭借其根植于人类心理的这一特性，才得以经久不衰。

投资理念的三部分测试并不是你抵御金融噪声的唯一方法。请继续往下读，你会寻找到更实用的方法来区分哪些事情重要、哪些事情不重要。

对抗注意力偏差的工具

碰运气，不要讲故事

杰夫·福克斯沃西是古灵精怪的可爱化身，他曾主持过一档名为《你比五年级小学生聪明吗？》的电视节目，向那些早已忘记功课的成年人询问今天的小学问题。今天，我要主持一个游戏节目，我把它叫作“你比老鼠聪明吗？”你不会被问及1812年战争或长除法，而是会看到两盏灯——绿色灯和红色灯，它们会随机闪烁。你的任务是判断下一个发光的是绿色灯还是红色灯。为了让你的工作变得更简单，我甚至会告诉你二者出现的概率！绿灯闪烁的时间占80%，红灯闪烁的时间占20%，与你竞争的老鼠当然不会说话，所以绿灯闪烁时会提供食物，而红灯闪烁时会提供一个微弱的电击。

考虑一下你的策略：用已知的80/20分布模式，你如何确定下一个闪光的颜色？大多数人从这项任务一开始就立即在混乱中寻找噪声：他们试图辨别出一个模式。如果你回想一下这本书的开篇，那么你会发现这是有道理的，会发现把功能性虚构组织成强大的社会结构是我们与动物的区别。通过试图在真正的噪声中制造信号，参与测试的人在68%的时间里能够正确识别出红色或绿色的信号。另一方面，老鼠不需要（或者说没有能力）进行更高层次的思考，它们很快就学会了随机应变：当发现食物的出现频率是电击的4倍时，它们就学会了每次都猜绿色，结果正确率高达80%。老鼠不需要打败系统或者编造一个优雅的故事，它们用简单的方法就能让自己胜过任何一个表面上更聪明的对手。

每当你打开财经新闻频道时，这种市场中的类比都是显而易见的。一些常春藤盟校毕业的市场奇才身穿3 000美元的西装，正在阐述一个复杂的宏观论点，从地缘政治威胁到美联储可能采取的行动，再到大豆生产，各种因素交织在一起。这样一个故事让人目眩神迷而且印象深刻；人类的高级思维和模式识别的能力已经充分发挥。但我们的市场奇才往往就像我们游戏节目中的人类主角一样，把任务变得过于复杂。这个故事的优雅程度已经超过了它发生的可能性。

而行为投资者像老鼠一样思考，在一个渴望复杂话语的世界里只需关心概率问题。当需要在一个知名的金融新闻媒体网络上编造一个故事时，一个行为投资者将不会有宏大的论点，也不会有一系列即将倒下的多米诺骨牌效应。因此，她将不会被再次邀请回来。相反，她将采取一种过程驱动的方式，在每一个转折点上让概率向有利于自己的方向倾斜，确保“概率”是投资中一个强有力的词。

依赖平均数

为了检验你的思维中是否存在注意力偏差，请考虑以下问题：

> 警方使用酒精测定仪检测酒驾，有5%的可能显示假阳性，但在真正醉酒的情况下检测结果100%准确。平均来看，每1 000名司机中只有1人醉酒驾驶。假设一名警察在检查站随意拦下一辆车，并强迫司机接受酒精测试，测试结果呈阳性。那么这个人喝醉的概率有多大？

根据上面提到的5%的假阳性情况，人们最常见的反应是，停车的人有95%的概率喝醉了。你也是这么猜的吗？实际上，酒驾的概率要低得多，这表明我们倾向于忽略基本比率（低注意显著性），而倾向于特定的观察结果（高注意显著性）。快速思考让我们有95%的把握相信停车的人是一名醉酒司机，但对事实更缓慢、更细致的思考则告诉我们另外一个完全不同的故事。

再考虑一下，平均来说，如果我们的检查站检测了 1 000 名司机，其中一个喝醉了，并将被正确识别出来。这意味着 999 名司机没有醉酒，但这其中有 49.95 名司机（999 的 5%）会被错误地认定为触犯了法律。在一次随机停车中，醉酒并被认定为醉酒的真实概率是一个基础比率，即 1 除以酒精测试的阳性数量（假阳性的数量 49.95 加上真阳性的数量 1，为 50.95，所以真实概率是 1/50.95=0.019 627）。这个结果与我们所认为的 95% 的真实概率相差甚远，被随机的酒精测试正确识别的概率只有 2%。

即使你答错了，也不要难过；当哈佛医学院的学生遇到类似的问题时，将近一半的人猜 95%。[94] 该死，我只是写了这篇文章，然后自己列出了其中的数学公式，而我内心深处仍有一种挥之不去的冲动，想要相信观察的力量胜过故事的逻辑。这就是我们人类忽视平均值的倾向。

这其中的教训在于，参考平均值可以引导我们对不确定的未来做好适当的准备并管理好风险。如果离婚率有 50%，那么在婚礼那天（你一生中最快乐的一天），你有 50% 的概率离婚。长板资产管理公司的一项研究发现，近 40% 的股票在其存续期中亏钱，64% 的股票表现逊于大盘指数，1/4 的股票基本上占据了市场的全部收益。对于主动选股者来说，这意味着你刚刚花了几个月时间研究并完全确信的股票只有 1/4 的机会成为真正的赢家。

这种冷酷的现实似乎令人沮丧，但是有一天你会意识到它还有避免灾难的潜力。想象一下这样一个世界：在步入婚姻殿堂之前，一对新人接受了适当的婚前咨询，并对他们决定走到一起这个情况进行了深入的思考。或许，在资产管理行业市场，靠的不是虚张声势，而是对管理他人资产的使命感和对解决一系列困难的敬畏心。因为我们都是普通人，当下或许是痛苦的，但它可以让我们避免一生的痛苦。

寻找简单的解决方案

我在亚拉巴马州的亨茨维尔长大，那是一个被人们亲切地称为“火箭之城”的小镇，因为它继承了为美国航天工业做贡献的光荣传统。作为太空营和美国太空与火箭中心的所在地，亨茨维尔的天际线被土星五号火箭主宰。虽然土星五号毫无疑问像是展览中的主角明星，但在最近一次返回家乡的参观中，博物馆里的一架航天飞机还是吸引了我的注意。当经过航天飞机时，我被一个似乎不合理的细节迷住了。与飞机其余部分闪闪发光的白色外壳相比，外部燃料箱看起来锈迹斑斑而且粗糙。这是一项小小的研究发现，燃料箱的橙色外观并不是设计疏忽导致的结果，而是简单解决方案带来巨大影响力的一个例子。

航天飞机的前两次航行——STS-1 和 STS-2——都以外部燃料箱为特色，燃料箱被涂成与固体火箭助推器和轨道飞行器一样的亮白色。但是在这些早期的飞行探索之后，科学家们很明显地发现航天飞机会从重量较轻的燃料箱上受益；它需要减掉大约 600 磅的重量才能发挥最佳工作能力。[95] 火箭科学家们并不畏惧这个任务，并着手做这个事情。他们用太空时代的材料做实验、寻找空气动力学的效果，但都无济于事。到了最后特别沮丧的时候，一个低收入生产线工人在看到这些努力后，简单地建议："为什么不能停止给燃料箱刷漆呢?"粉刷燃料箱需要的油漆恰好重达 600 磅，接下来的就是这个难看的橙色燃料箱的历史了。

你在阅读这本书的时候，很有可能还在寻找金融市场的某种优势。这些洞见将帮助你从一个有时感觉非常有效的市场中挤出一些额外的基点。这是一项值得努力的事业，但在这些努力中，你必须确保不会忽视可能恰好摆在你面前的一些简单而有效的解决方案。手握一座金融数据金矿钥匙的晨星公司发现，预测基金业绩的最佳指标是管理费——不是一个明星基金经理，不是一个经验性的有效过程，也不是一个信息优势，而是费用。[96]

此外，富达投资集团的一个团队开始着手调查他们表现最佳的零售账户的投资行为，从而筛选出真正杰出的投资者行为。当他们与表现最好的账户所有者联系时，通常的情况是，所有者基本上完全忘记了自己拥有这个账户，或者这个人早已去世。想要分离出经验投资者的复杂行为特征的想法就到此为止吧!

注意力偏差让我们产生了一种被行为金融学专家布赖恩·波特努瓦称为"复杂性迷恋"的情况，这种迷恋会让我们忽视手头上的重要工具，寻找更为宏大的东西。

不要自作聪明

人们普遍认为，亚历山大·蒲柏提出了"一知半解，害己误人"的观点，这是他在 1709 年《批评论》中写的一段感悟，他写道:

> 一知半解，害己误人；智慧的泉水，除非痛饮，否则别喝。浅酌只能使人懵懂，痛饮才能让人清醒。

然而，蒲柏关于浅薄知识的警告实际上是由一位匿名作者的类似表述引发的，作者用自己名字中的首字母AB作为代号，他在《幽灵的秘密》(*The Mystery of Phanaticism*)中写道：

> 一点点知识会使人自高自大、目中无人。但是，如果一个人掌握了更多的知识，那么他将摆正姿态，会让自己产生低微和谦卑的想法。

撇开最初的声望不谈，这一观点在行为金融学研究中绝对占据主导地位，对于那些试图在决策过程中根除错误的人来说，这是一个非常有用的警示。了解自己和人类思想的阴谋诡计是一件令人头晕目眩、眼花缭乱的事情，它会让我们兴奋到急于将我们的知识立即加以应用。但是，如果只是太过肤浅地应用，那么，随着学习内容的增加，它反而可能会使我们现有决策的错误程度加剧！心理偏见的认知可能会成为推理机器的另一个错误的齿轮。

以泰伯和洛奇在《政治信仰评估中的动机怀疑论》(*Motivated Skepticism in the Evaluation of Political Beliefs*)[97]一文中所做的工作为例：他们发现，我们先前对世界的信念会以几种不同的方式影响我们的思维，其中一些甚至会因为进一步的教育而恶化。有两个例子：

1. 态度两极分化———让受测者暴露在一套平衡的正反两面的思考中，在实际中强化他们最初的观点。

2. 复杂程度效应——有见识的受试者实际上会更加倾向于证真偏差、证伪偏差和先前态度效应（更积极地评价支持的论点而不是反驳的论点）。

关于行为倾向的知识可以用来作为反省自身动机的火光，也可以用来作为我们继续捍卫现状时用以打击异议者的棍棒。为了避免这种对知识的错用，行为投资者应该确保对一些重要事情进行额外的推敲检查，如那些对我们有意义的事情或者我们非常希望是正确或错误的那些事情。我们还必须不断地从持有不同观点的人那里寻求反馈、跟踪自己的决策效能，并检查思想和行动背后最深层的动机。只有这样，我们才能与人类倾向做斗争，从而更加珍惜信息，而不是轻视信息。

规模很重要

沃伦·巴菲特指出，可能性和影响力的结合是伯克希尔·哈撒韦公司所做的一切事情的核心："用亏损概率乘以可能亏损的金额，再用获得收益的概率乘以可能获得的收益的数量。这就是我们要做的。它虽然是不完美的，但这就是它的全部。"更具体地说，一个低概率的事件，如果有很大的上升或下降空间，那么它可能是非常值得关注的。相反，一个变化范围有限的高概率事件也同样值得忽略。

考虑到负面事件的心理现实（我们对损失的厌恶程度是对收

益的喜欢程度的 2.5 倍）和数学现实（只有 100% 的收益才能消除 50% 的损失），行为投资者有理由对它们进行一些特别考虑。

纳西姆·塔勒布在他的著作《随机漫步的傻瓜》中给出了一个很好的例子。他讲述了自己与交易员同事开会并与他们分享自己看法的故事，他认为市场可能会在接下来的一个星期内上涨。但交易员们发现塔勒布自己其实是做空了，因此对他的话表示非常困惑。为什么要做空一个认为可能上涨的市场？为了解释清楚，塔勒布给他们看了下面的表格。

表 10-1 市场上涨与市场下跌的概率、结果和期望值

事件	概率	结果	期望值
市场上涨	70%	+1%	+0.7
市场下跌	30%	–10%	–3.0
总计	100%		–2.3

塔勒布认为，预计可能发生的损失和收益之间存在不对称性。尽管股市上涨的可能性更大（几乎总是如此），但股市下跌的影响（尽管可能性不大）要大得多。所以，他是根据对期望值的最佳估计而不是简单的概率来操作的。

概率证实，卓识的投资者事实上持有的应该是乐观主义的立场：市场通常会上涨。但有两件事会让投资者踌躇不前，让他们有理由采取更为保守的立场。一是动能减弱，这增加了市场价值下跌的概率；二是估值过高，这加大了潜在崩盘的强度。市场与长期平均水平的距离越远，它在回归正常时跌回原点的幅度就越大。

因此，行为投资者的默认立场是，在动量开始减弱（概率）和估值达到极端（强度）之前进行积极的投资。这种方法既考虑了概率的值，又考虑了低概率事件的潜在强度。行为投资者学会了同时问两个问题，“可能性有多大?”和“它有多大强度?”

给它一些时间

概率投资最令人沮丧的一个方面是，有时做正确的事情并不能保证得到好的结果。有时，你会看到两个世界最糟糕的那一面——既缺乏令人欣慰的故事，又没有好的结果。坦白地说，这很糟糕，而且你知道，虽然自己遵守了其中的规则，但并不能给自己带来多少安慰。正是出于这个原因，概率知情投资经常被抛弃。只有经过时间和多次迭代，概率才能证明它的真正价值。

正如卡伦·罗奇在他的博客文章《务实的资本主义》（*Pragmatic Capitalism*）中指出的那样，市场在日常生活中的表现基本上是随机的。[98] 一个遵循基于规则的行为方式的投资者获得好结果的可能性，其实并不比猴子掷飞镖高多少。每日波动下平均获益 0.03%。

若按月计算，回报开始初具规模，但仍有很大的噪声。因此，采取正确的行动很难保证得到正确的结果。

但当我们退回来再进一步看，真正的模式才开始出现。从 1950 年到现在，市场的年化收益率接近 13%，现在出现了一个明确的、积极的趋势。投资期限越长，你就越有可能以正确的理由得到正确的结果。只有长期行为投资才是有效的。

创建行为投资组合就像在微观世界中经营一家保险公司。第一，你通过筛除弱者来保护自己不受负外部性的影响。虽然这种做法在伦理道德上是有问题的，但保险公司向吸烟者、肥胖者和已有疾病的人多收取保险费，恰恰是因为这些人的保险成本可能很高。同样，一个行为投资者在开始时不妨筛选出任何看上去有欺诈性、有面临破产的风险或其他问题的股票。

第二，保险公司和精明的投资者都各不相同。就像最健康的铁人三项运动员可能死于一场奇怪的事故一样，即使是便宜、高质量、有刺激因素的股票也会有不确定的命运。通过捆绑风险（如分散化），以正确的理念做正确的事情而得到回报的可能性就会大大增加。

最后，要有耐心。任何人的长期预后都不是很好做，再多的健康饮食和锻炼也无法避免疾病和死亡，然而，保险公司做得很好（坦白说，做得真是太好了，但那是另一码事了），因为大多数人在大多数时候都是健康的。同样，对多数股票的长期预测也糟糕得让人震惊。长板资产管理公司的《资本主义分布》（*The Capitalism Distribution*）描绘了这样一幅画面：

- 39% 的股票无利可图。
- 18.5% 的股票遭受了至少 75% 的灾难性损失。
- 64% 的股票表现比罗素 3 000 指数逊色。
- 25% 的股票几乎囊括了整体业绩。

就像保险公司为容易患病和已经死亡的人提供保险并从中获利一样，行为投资者也能从一个多数股票表现不佳或彻底崩盘的系统中获得巨大的财务回报。这样做需要在短期失败面前坚持不懈，并坚持一套经过时间考验的原则。但最重要的是需要耐心。

就像我们在此讨论过的许多趋势一样，注意力偏差是一个寻找实用捷径的紧张系统的副产品。尽管在某些情况下，把这种最可怕、最响亮的信息暴露出来的做法效果上看还算不错，但在一个充斥着不停说话、喘不上气的专家和惊慌失措的交易对手的世界里，这种做法可能无法让投资者理智行事。退后一步，应用上面提到的一些练习，行为投资者能够在周围的人都失去理智的时候保持头脑清醒。

创建抵御注意力偏差的投资组合

- 事实："可能"是一个强有力的投资词语。那么我们又该怎么做呢？应该谨慎地忽略复杂的宏观叙述。
- 事实：事件发生的可能性和其影响的强度都是重要的考虑因素。那么我们又该怎么做呢？策略的默认状态应该是看涨，但应该包含低可能性高影响强度事件发生的偶然性。
- 事实：没有理论的数据和没有数据的理论都会产生虚假的结果。那么我们又该怎么做呢？一个可投资的因素必须是经验上明确的、理论上可行的，并有行为学上的根据。

第 11 章 情绪管理

我不想受情绪的摆布。我想利用它们，享受它们，支配它们。

——奥斯卡·王尔德，《道林·格雷的画像》

马丁·路德·金于 8 月 26 日晚抵达华盛顿，他没有为第二天在林肯纪念堂前向数十万支持者发表的演讲准备任何讲稿。那天他的同事们精心准备并提前分发了发言稿，马丁却迟疑了，他希望给自己的演讲注入一种真实性和紧迫性的感觉，从这两方面来讲，过度准备都是演讲的大敌。那天晚上，这位伟人开始动笔，直到午夜过后很久才写完他的演讲稿。当放下笔上床睡觉那一刻，他事先准备好的讲稿中还没有任何一处提到“我有一个梦想”这个金句。

马丁·路德·金走上讲台，准备要发表一场关于种族和谐的演讲，尽管他还带有我们现在所知的他的那种标志性的演讲风格。就在演讲开始前，观众席上的福音歌手马哈丽亚·杰克逊喊道：“给他们讲讲关于梦想的事吧”，这指的是他 5 年前在底特律提及的种族团结的梦想。马丁·路德·金撇开了他的笔记，发自内心地开始演说，然后开始了美国历史上最有影响力的演讲。金博士的即兴演讲充分表达了他作为民权运动成员的情感，并激励了几代美国人警惕过去的种族偏见。那天，他利用自己的情感力量，捍卫了民主运动已取得的成果，也改变了一个国家的命运。

情感对金博士帮助很大，因为他的任务是改变美国人民的观念，但更重要的是改变他们的内心。正如我们在前几章中学到的，在某种情况下，理性的甚至在某种语境下受人推荐的这些适应性行为，可能并不适合以非常规的方式来要求我们投资者。在《财富法则》一书中，我强调了我们日常生活的现实与我所说的“华尔街的怪诞世界”之间的一些差异。举几个例子，在华尔街，未来比现在更确定，大众不如少数人聪明，少做总比多做好。我们可以很容易地在清单上加上这样一个事实：情绪是一种帮助我们在日常生活中更快、更好地做出决定的特质，它会让我们在做出投资决策时误入歧途。

情绪风险源于这样一个事实，即我们对危险的感知受到短暂情绪状态和个人的积极或消极倾向的影响。情绪让大多数人低估了坏事发生在我们身上的可能性（乐观偏差），甚至避免思考出错的可能（鸵鸟效应），并忽视情绪在我们的决策中扮演的重要角色（同理心缺口）。当恐惧真的出现时，它会变得极其强大，以至我们可以通过试图避免疼痛而自我麻痹（消极偏差）。然而，尽管情绪可能会给理性投资过程造成严重破坏，但许多投资者有一种可以影响决策的第六感。减少投资上的情绪因素是可能的，甚至是可取的吗？还是我们把这种宝贵的优势留在了谈判桌上？我们对情绪的理解正在扩展，随之扩展的还有情绪自身的类型。勒内·笛卡儿相信只存在 6 种核心情绪，就像皮克斯的《头脑特工队》里的 5 种情绪一样权威，但现代研究人员描绘了一幅更微妙的画面，它高度依赖于文化。正如蒂凡尼·瓦特·史密斯博士所说：

恐惧似乎是我们的最具动物本性且不可或缺的一种情绪。生活在澳大利亚西部沙漠中的宾士比人能说出 15 种不同的恐惧，比如让你跳起来环顾四周的恐惧（nginyiwarrarringu）、因对手寻求报复产生的恐惧（ngulu）、当邪恶的灵魂在身边时的恐惧（kanarunvtju）。

描述情绪时的第二个复杂因素是，人体验到的一些情绪很大程度上是其他情绪的组合。想想乡愁，它是由悲伤、渴望、喜爱和快乐这几部分组成的。瓦特·史密斯博士自己编撰了一本关于情绪的百科全书，已经命名并描述了 150 多种不同类型的情绪，对比笛卡儿的“屈指可数”的情绪概念，这本百科全书有了很大的飞跃。

虽然还没有一个明确的情绪分类，但重要的是，情绪是强大的，并且无处不在，它影响着我们每一天的每一分钟，以及每一个选择。情绪可以帮助我们做出决定，也可以摧毁我们的决定，但只有意识到情绪的力量和普遍性，我们才能有效地利用它为我们的目标服务。为了更好地开始，请考虑以下几点。

克服情绪束缚的工具

不要去战胜情绪，要参与

许多武术依赖于所谓的自我防卫的循环理论，也就是说，攻击者的冲劲和努力可以为你所用。想象一下，一个想要攻击你的人伸开双臂向你冲来，你被他撞到的那幅场景。你或许可以躲开他的冲撞，偏转他伸出的手臂让他从旁边冲过去，从而易于反击，而不是迎头对抗他的全部冲击力量。借助强大力量而非直接对抗，对于那些在做出明智投资决策时试图管理情绪的投资者具有启发意义。想要让情绪在它的轨道上停止的想法很诱人，但有时候为了更有利的结果而改变目标才是一个灵活的方法。

人们有时会错误地将行为金融学视为一种工具，用来帮助投资者摆脱恼人的情绪和非理性怪癖，使他们逐渐成为经济学家长期以来设想的“经济人”。这种想法认为，如果人能摆脱非理性，我们就能做出完美的财务决策。唯一的问题是，有时候严格意义上的非理性行为可以极大地帮助我们实现财务目标。作为一名行为投资者，要更少地遵循教科书上关于理性的概念，更多地去理解人性和改变习性的特质，使之对我们有利。

想想诺贝尔奖得主理查德·塞勒的工作吧，他率先发现并命名了我们现在所说的“心理账户”，也就是把钱分成不同的类别，根据不同的类别进行不同的消费或储蓄。研究表明，人们倾向于把存起来的钱当作返利，而把花出去的钱当作分红。贝拉克·奥巴马和他的顾问理查德·塞勒利用框架理论，将大衰退后出台的刺激方案定位为一种奖励，以激励人们购买大屏幕电视而不是去囤积。

这个简单的概念是目标投资或个人业绩基准的基础，这个过程有意地把钱分成安全、收入和增长三类，并相应地进行投资。像给钱贴上标签这样简单的事情，就能诱使我们以不同的方式来进行储蓄和投资，这似乎令人难以置信，但正如乔治·勒文施泰因所说：“尽管这似乎是一个无关紧要的过程，但专项资金可以对退休储蓄产生巨大影响。”奇马和索曼在 2009 年发现，将一个贴有子女照片的信封专门用于储蓄，几乎使低收入父母的储蓄率翻了一番。

利用我们对孩子的感情来省下两倍的钱，这算是理性的吗？绝对不是。我们能理解自己身上这一点，并将其利用，增加我们优势吗？绝对可以。

理查德・塞勒的聪明之处在于，他证明了那些被人们认为有害的行为特征实际上是可以用来做好事的，比如“现状偏差”，即人们倾向于不作为。塞勒明白，人们往往只做一次决定，不会再提出质疑，他决定利用这一点来帮助那些准备不足的美国临近退休人员。他开发了一个名为“明天存更多”的程序，储蓄者一旦做出决定，就可以自动进行储蓄行为，并在工资增加时自动增加支取金额。[99] 塞勒明白，让人们一个月又一个月连续地做出正确的决定，要比简单地设定好并忘记改变它要困难得多。我们非常容易受到现状偏差的影响，以至一旦锁定一种行为，就一辈子难以改变它了，这显然是非常不理性的行为。但据估计，这个简单的点子已经为美国储户的账户贡献了 290 多亿美元。[100]

这合理吗？也许是，但我接受它了。就像塞勒和他的同事们发现的那样，我们的一些心理小过失可以被人理解，并为了我们的个人利益而被重新利用。所以，我们完全可以利用惰性、对改变的厌恶和过度情绪化，让它们为我们服务。

冥想（是的，认真地说）

在过去的几年里，冥想和正念带着一种令人窒息的崇敬在人群中被广泛讨论，这让像我这样愤世嫉俗的怀疑论者想要迅速跑向另一个方向。毕竟看起来美好得有失真实的事物，无论是在资本市场，还是在更大众的生活中都存在。但提及冥想，对其研究的深入却让我更清楚地认识到这些小题大做的意义，并让我相信，也许几千年的修行经验比我个人天真的怀疑主义更有见地。如果这对瑞·达利欧、都铎投资、贝莱德、高盛（它们都有针对员工的冥想项目）和全球数十亿从业人员足够有用的话，或许你也值得考虑一下。[101]

本书的中心主题之一是，在做出重要的财务决策时，努力放慢我们的反射性思维可以带来更好的结果。用丹尼尔·卡尼曼的话说，“快思考”让我们依赖于启发法、偏见和捷径，而更费力的“慢思考”则让我们根据整体环境考虑决策行为。在一项研究中，正念练习的受试者被问及年龄和种族之间的内隐联系时，与未完成正念练习的对照组相比，他们对偏见的依赖程度较低。[102] 放缓速度并提高觉知这一简单的行为，减少了人们对老生常谈的偏见的过度依赖，并允许受试者根据其个人的优点来评判不同年龄和种族的人，而不是将人放入一个被过度概括的整体来判断。将这种细致入微的思维应用于投资决策产生的积极潜力，怎么说都不为过。

尽管这是一种粗略的简化，但金融市场内外的情绪常常被归为两类：恐惧或贪婪。冥想似乎可以很好地驯服这两种情绪。对 47 次试验和 3 515 名受试者的元分析发现，冥想可以帮助减少焦虑、抑郁和疼痛。虽然效果不是很明显，但仍有正面证据发现，冥想可以减少压力水平，改善整体生活质量。[103] 对于那些处于恐惧和贪婪连续体中恐惧末端的人来说，冥想是一剂强大的良药。

冥想可以减少焦虑，这也许并不奇怪，但文献表明，冥想还可以重塑我们思考回报和预期回报的方式。追求回报是人类的一种普遍行为，但如果你走向极端，贪婪可能就会吞噬一切，引发从主观幸福感低下评级状态到麦道夫式的庞氏骗局。柯克、布朗和唐纳尔对 34 名冥想者进行了一项研究，并将他们与对照组进行了对比。研究发现，与一般人相比，冥想者在期待奖赏时，尾状核和腹内侧前额叶皮质的神经活动较少。这一切用听得懂的语言来描述是什么意思呢？大脑中与贪婪相关的部分——期待回报——在冥想者的大脑中实际上不那么活跃。恐惧和贪婪导致了各种灾难性的金融决策，比如银行挤兑、投资泡沫和关联欺诈，它们都显示出正念冥想这种简单行为可以驯服贪婪的证据。

最令人印象深刻的是，越来越多的证据表明，冥想似乎能够以某种方式重组我们的身体，这一现实听起来几乎就像科幻小说。端粒是覆盖在染色体上的 DNA 片段，它的作用是防止染色体退化。尽管它们本身并不会导致某种特定的疾病，但它们确实会随着年龄的增长而缩短，这种现象出现在糖尿病、心脏病、癌症和精神疾病等各种疾病的患者中。琳达·E. 卡尔森博士把它们比作鞋带上的塑料帽，如果塑料帽完好无损，就可以在一定程度上防止鞋带磨损。

为了研究冥想对身体健康的影响，卡尔森博士将乳腺癌幸存者分为三组。第一组被随机分配到为期两个月的冥想和瑜伽课程，第二组则接受更长时间的小组治疗方案，对照组接受 6 小时的压力管理培训。对 88 名受试者的血液进行分析后发现，接受冥想和治疗的受试者的端粒长度明显长于接受压力管理训练的受试者。令人惊讶的是，冥想和治疗在保持身体健康方面似乎和在保持心智健全方面一样有效果。[104]

不要被冥想的表象愚弄；人们不需要剃成光头或穿橘色长袍就能从这种久经考验的情绪管理策略中受益。正念和冥想的核心就是以一种非评判的方式关注当下的想法和行为，这是一种我们所有人都能轻而易举做到的事。由贾森·沃斯领导的特许金融分析师（CFA）协会为冥想新手开发了一套实用工具。无数的应用程序存在于冥想者的移动设备中，互联网上满是实用的入门建议，像《烦躁的怀疑论者的沉思》(*Meditation for Fidgety Skeptics*）这样的书正在涌现，帮助像我这样的人看到光明。

一个了解当下的投资者是一个能够拥有、标记和欣赏情绪的人，他不会让情绪过度地影响自己重要的决定。

强烈情绪的管理

在这本书中，我对资产管理公司应该如何开展业务提出了一些更具争议性的观点。我认为系统化的投资方式是最优的，经理人的裁量判断应该要有所限制。

我认为管理者应该根据他们对流程的遵循程度来获得相应的报酬，而业绩应该完全被忽略。理想的情况是，投资经理每年工作4~12天，其余361天用于寻找挑战他们现有信念的想法。

我想没有人会接受我这种不考虑绩效、每年工作4天的想法，所以，我将在下面介绍一些工具来管理强烈情绪，即便是最好的系统也会因为这些情绪而崩溃。毕竟在恐慌时刻（所有系统都可能出现这种情况），一个经验上可靠的流程并不比一个系统更好。

当你想要偏离规则的时候，不妨考虑一下米凯莱·麦克唐纳的

R.A.I.N. 模型，它是一个简单而强大的应对急性压力发作的管理系统，步骤如下：

- 识别——有意识地观察并说出你的身体和思维中正在发生的事情。例如，“我感觉我的心灵和思维正在赛跑”。
- 接受——承认并接受你在上面观察到的一切。你不需要爱上它，自我斗争只会让事情变得更糟。
- 调查——问问自己正在给自己讲什么故事，并检查自己目前的想法。
- 非认同化——现在你已经认识、接受和检查了自己的压力，你必须意识到构成你自己的不仅仅是你的情绪。你可以感觉到一些其他的东西，但不要被它们定义。

理性思考让人感到冷漠、枯燥且有距离感。另一方面，情绪让人感觉它无处不在、紧迫而真实。因为情绪可以控制注意力，它让我们把情绪现实与外部现实混作一团。通过承认、接受和检查反省我们情绪反应的前因后果，将它们作为探索真理的图景的一部分，这又会是一条很有价值的信息，可以防止人们将情绪误认为真理本身。

自动化、自动化、自动化

这本书很容易就能被简化成三个词：自动化、自动化、自动化。书可能卖得不好，你也可能忽略它，因为这个建议似乎太简单了，事实上，在任何市场环境下，只要被动地遵循一套完整的投资规则，许多较为棘手的情绪因素就可以完全消除。这一概念在荷马史诗《奥德赛》讲述希腊国王奥德修斯的故事中得到了最生动的体现。最令人难忘的是国王在特洛伊战争结束后长达 10 年的漫长回家之旅，以及他用来秘密进入敌人防御工事的木马。但就这里的目的而言，我们不太关心他作为一名战士拥有的技能，更感兴趣的可能是他最重要的一种行动力：克制。

在希腊的民间传说中，海妖塞壬是一种危险的生物，它用歌声和美丽外表吸引水手靠近，结果却让他们的船撞向岩石。但海妖并不像今天人们通常描述的那样，仅仅被认作精力充沛的人鱼。不，海妖还被认为是知识的源泉，她们在水手耳边低语，但这些知识最终毫无用处，因为它们都会成为水手听到的最后一句话。关键诀窍是既能获得海妖的知识，又不用付出死亡的代价，即便是最熟练的水手也无法闯过这一关。

与赛丝商量后，奥德修斯找到了一个变通的办法；他让他的船员把耳朵灌满蜂蜡，把自己绑在船上的桅杆上。这样，他的船友们就不会被海妖的歌声伤害了，同时他仍然能够获得深入学习的机会。不出所料，当奥德修斯听到塞壬的歌声时，他用力地胡乱挥动四肢，并乞求船员解开绳子，但船员们仍然忠于他们的纪律，没有屈服于领袖的恳求。正如奥德修斯是一个充满力量、行动力强的人一样，许多投资者的成功也是建立在大胆和主动的基础上的。但在奥德修斯的故事中，我们发现了一个模范案例，它证明有时候最谨慎的行为是克制。

即使是受教育程度最高的专业投资者也会遭受所谓的“自制偏

差”的影响，即我们倾向于高估自己控制冲动行为的能力。即使这个世界上的每个人都接受全面的营养咨询，也无法改变这样一个事实：在有压力的时候吃一个甜甜圈比吃芦笋更令人满足。同样，人们也会恐慌性地抛售或买入质量差的热门股票，这并不是因为缺乏知识，而是因为缺乏约束。行为投资者必须踏上奥德修斯的道路，去收集可能的最好结果，同时要意识到我们自身也对情绪时刻的压力源敏感。行为投资者永远不要忘记，他们也是会吃甜甜圈的。

学会识别情绪

先把书放下一会儿，深呼吸后问问自己：“我现在的情绪是怎样的？”这个问题比听上去更难回答，不是吗？如果不加以控制，我们的情绪状态就会变成自身的真相。确实是这样。情绪是如此的普遍而有益，以至要求一个人描述他在某一特定时刻的感觉有点儿像问一条鱼潮湿是什么感觉一样。然而，对行为投资者来说，学会识别和标记情绪是至关重要的，因为情绪会极大地影响我们评估风险、思考财富和体验时间权衡的方式。

举例来说，哈佛大学的一项研究发现，情绪悲伤的人会更愿意少拿 34% 的工资来换取眼前的报酬。有人说，悲伤是对于构建未来的无力感，而这个实验当然也证明了这一点。[105] 但是悲伤并不是会缩短时间范围的唯一一种情绪。愤怒也被证明会让人失去耐心，似乎任何强烈的情绪都有缩短时间范围、增加急躁情绪的影响，这可能是循证投资者最不希望遇到的两种糟糕的事情。[106] 恐惧的感觉让我们体验到不确定性，而愤怒则灌输给我们一种自信。正如你所预料的那样，生气的人往往会冒更大的风险，压缩了其中潜在的危险。

摆脱你的投资决策中的情绪是不可取的，甚至是不可能的，但是可以提高你对自身情绪状态的意识和感知，并了解它如何影响你对风险和机会的评估。这是一项真正的技能，无论在顺境还是逆境中，你都要经过多年的有意识的练习才能在危机时刻得到真正的回报。对于新手来说，自己所处的状态会让你看不到情绪的提升。愤怒或狂喜的感觉在愤怒或狂喜的时刻不会进一步提升，这其实是有道理的。

“12 步上瘾法”的相关文献材料旨在教育那些处于成瘾恢复期的人，它也会很好地为投资者服务。H.A.L.T. 代表饥饿、愤怒、孤独、疲惫，它提醒人们不要在任何一种情绪状态下做出重要决定。

情绪丰富了我们的生活，简化了我们的投资决策过程，但在极端情况下，它会让我们看不到原本就显而易见的解决方案。

构建抵抗情绪的投资组合

- 事实：直觉是存在的，但只存在于能够提供快速、可靠反馈的领域。那么我们又该怎么做呢？对于投资者来说，听从直觉是极其愚蠢的建议。
- 事实：我们的身体经验会促使我们行动，但这些行动后来才在心理上得到解释。那么我们又该怎么做呢？建立一个模型并被动地跟随它。

• 事实：情景变量比个体变量更能预测行为。那么我们又该怎么做呢？避开那些感情用事的情景，比如看财经新闻或频繁查看账户余额。

• 事实：我们的意志力很快就会消耗殆尽。那么我们又该怎么做呢？我不是提到过你应该建立一个模型并被动地遵循它吗？

第四部分

构建行为投资组合

这本书从投资决策的社会学问题开始，具体地说，你是一个在做决定时更重视社会凝聚力而非理性的人类的一员。接下来，我们研究了大脑和身体、人类进化和设计的奇迹，以及它们是如何与积累财富的具体任务相悖的。最后，我们调查了四种行为倾向，它们是由不同的地点和个人组合形成的某一特定结果。

这一切的重点从来都不是为了获取知识而了解知识，而是提供一个丰富的教育环境，让人们了解投资决策发生的背景，并着眼于开发一些能够抵御人为错误的投资系统。目标是教授正确的原则并带领你建立一些特殊的东西。虽然在如何管理行为投资组合方面没有一个“正确答案”，但大量证据指向了几个共同的主题：

- 制度重于个人判定。
- 投资分散化和具体投资理念可以共存。
- 做好泡沫破裂的准备，但不要对它们进行矫枉过正式的调整。
- 涉及信息时，少即是多。
- 寻找行为学上的证据、理论和根源。

这本书中概述的许多关于行为金融学的真理现在或多或少地被范围更广的金融界接受了，这代表这个学科在相对较短的时间内取得了重大进展。然而在投资管理方面，理论和应用之间仍然存在巨大的鸿沟。承认人类容易犯错、市场无效是一回事，对行为科学理念的深刻理解需要我们对投资过程进行不间断的激进改造又是另一回事。在这本书的第四部分，我们在这个方向上做了一些努力，进而提供了一些具体步骤，以构建基于行为学的股票投资组合。

第 12 章

用第三种方式投资

近年来，围绕着“被动管理与主动管理”的投资讨论，出现了一场相当激烈的辩论。这场辩论就像所有激烈的讨论那样，对现有事实的关注越来越少，同时越来越多的受试者加入了各自的辩论阵营，他们更关心的是相互指责，而不是评估事实。行为投资者首先要成为一个基于证据思考的投资者，他们在灰色阴影中寻找真相，而这些阴影往往被那些不太具有心理理解性和适应性的大众忽视。为此，我们现在将研究这两种投资方式的优缺点，并提出第三种方式，我称它为基于规则的行为投资（RBI）。

表 12-1　三种投资方式的优缺点

	基于规则的行为投资	被动投资	主动投资
低费用	√	√	
分散化	√	√	√
潜在投资业绩	√		√
低换手率	√	√	
管理偏差	√		

被动投资：越计算越愚钝

在智力竞赛中，不管是下国际象棋、打桥牌还是选股，有什么能比拥有一个明白思考是浪费精力的对手更有利呢？

——沃伦·巴菲特

越南河内的法国殖民政权曾经遇到一个问题：老鼠。法国人并不以强健著称，他们对越南老鼠的巨大数量深感不安，所以制订了一个似乎合理的计划来消灭它们。越南公民每杀死一只老鼠，法国人就会支付公民一小笔赏金。因为不想处理完整的死老鼠尸体，所以死鼠的尾巴被认为是老鼠死亡足够的证据。但这个项目开始后不久，统治阶级就开始注意到一些意想不到的事情。老鼠尾巴被一打一打地送过来，但街上老鼠的数量似乎并没有减少。相反，聪明的越南人割下老鼠的尾巴换钱，然后把老鼠放回下水道，制造出更多的老鼠幼崽，这些老鼠幼崽的尾巴最终也可能再被割掉。英国殖民统治时期的印度也发生过类似的事情。每一个杀死眼镜蛇的猎杀者都会得到奖赏，于是，有商业头脑的印度人便开始在养蛇的农场里饲养眼镜蛇。眼镜蛇效应现在是坎贝尔定律的简称。坎贝尔定律如是说："当一项措施成为目标时，它就不再是一项好措施了。"

坎贝尔在谈到防腐效能的测量情况时表示："任何定量的社会指标，在社会决策中使用得越多，就越容易受到腐败压力的影响，也就越容易扭曲和腐化它本来要监测的社会过程。"最近的一个例子发生在我的第二故乡佐治亚州的亚特兰大。为了让教师担负责任，政府通过了有关高风险测试的法律，这意味着教师的加薪和持续的就业取决于学生能否成功通过能力测试。为了保住自己的工作，小学教师篡改考试成绩并最终演变成一场混乱的犯罪式掩盖。这个并非引人注目的例子让教育工作者“为考试而教育”，意味着学生学习了通过考试所必需的特定的资料，却不一定能广泛掌握该学科的知识。

谈及这种现象时，坎贝尔说：“在以一般能力为目标的正常教学条件下，成绩测试很可能是衡量普通学校教学成果最有价值的指标。但是，当考试分数成为教学流程的目标时，它既失去了作为教育状态指标的价值，又以不健康的方式扭曲了教育过程。”所以，试图定义金本位的过程本身就很可能导致它自身的退化。人们常说，“只有被衡量的指标才会被完成、优化”，但“越计算就越愚钝”也同样是正确的。

因此，把衡量标准当作投资工具的被动投资管理就顺理成了眼镜蛇效应下某些缺陷的牺牲品。但在我对被动投资（像在游戏中用干草叉激怒众妖）进行细致入微的行为学批评之前，让我先谈谈它的一些非常可观的优势。

直接来讲，被动管理应该是那些对投资管理的艺术和科学不感兴趣的人的现实选择。通过购买涵盖多种资产类别的一篮子分散化指数基金，看起来一无所知的投资者（他们往往知道很多）有可能击败 90% 以上做主动管理的基金经理，并有时间专注于比选股增值财富更有意义的追求。由于被动管理避开了成本高昂的投资研究和摇滚明星式的基金经理人，被动型产品往往比那些主动型产品便宜得多；这其实是投资者的巨大胜利。在其他条件相同的情况下，投资者应始终选择成本最低的基金，因为费用会直接降低业绩，并可能在你一生的投资过程中让财富大幅减少。

但被动型基金不仅仅便宜——在你愿意考虑的任何一段时间范围内，它们都会不断碾压主动型基金。只要看看SPIVA计分卡的结果就知道了，这是一个主动型基金经理与被动型基金经理的比较。在5年和10年的期限中，分别有88.65%和82.07%的大盘股基金经理被被动管理的投资方法打败（这还不包括他们的费用！）。小盘股往往被认为更难有效定价，因此更有利于主动管理，不过其结果也同样糟糕：有87.75%的小盘股基金经理在过去10年中被被动管理的投资方法打败。

我写这篇文章的时候，资产流动正以3：1的比率转向被动管理投资工具。先锋领航集团可以说是指数投资的代表，它每天募资将近10亿美元！被动管理的方法一直都比主动管理的方法好用，而且成本也较低。

但如果说我们可以从金融史中学到什么教训，那就是普遍的共识往往预示着坏消息。正如亚伦·塔斯克在他颇有思考深度的博客文章《骄者必败：指数版》（*Pride Cometh Before the Fall: Indexing Edition*）中所说的："如果'每个人'都知道某些事情，那么这通常是朝着相反方向出发的好时机。现在'每个人'都知道，你能做得最好、最聪明的投资便是指数基金。"作为事实上的投资的正确答案，指数是否可能在某种程度上使它变得不那么正确了？

成功的牺牲品

指数的眼镜蛇效应之一是，将一家公司纳入指数后会立即提高该公司股票的市盈率（PE）和市净率（PB）。成为一个指数的一部分意味着数百万投资者将会购买该股票，这不是基于对其价值的任何基本面的信念，而是一种从众心理。这将导致估值上升，预期的远期收益下降，而这只能被视为无关紧要的信息。被动管理的投资的兴起还意味着，被纳入大型指数的股票在信息有效性方面往往不如其他类型的公司的股票。迈克尔·莫布森和他的公司报告说："2016年年中，被动型指数基金和交易所交易基金持有标准普尔500指数中458家公司的超过10%的股份。而在2015年，只有两家公司属于这种情况。"越来越多的公司股票因为投资习惯而非投资理念被交易，这意味着价格越来越无法反映其真实价值了。

针对这一现象，杰西·费尔德曾说过："被动投资最终会成为自身成功的牺牲品。在过去15年左右的时间里，投资者大量转向指数基金，推动大型指数成分股的估值达到一定水平，这种情况导致未来的回报持续走低。反过来，低回报将使得资金流入变成资金流出，良性循环将变成恶性循环。"或者如塔勒布所说："我们一直在使经济、人类健康、政治生活、教育等几乎一切事物变得脆弱……通过抑制随机性和波动性……这就是现代社会的悲剧：就像神经兮兮、保护欲过度的父母一样，那些试图帮助我们的人往往对我们伤害最大。"[107] 在资本市场中，当每个人都在做所谓正确的事情时，正确的事情就不再正确了。

拥挤的酒吧和繁忙的交易

酒吧问题是一个博弈论难题，它很好地回答了关于主动投资和被动投资的一些问题。这个问题基于在圣菲的一个酒吧发生的事情，情形如下：新墨西哥州有个小镇，人口有限，每周四晚上所有人都想去市中心的埃尔·法罗尔酒吧喝酒。问题是酒吧很小，如果它变得太拥挤，那么大家都不会玩得愉快。具体来看：

- 如果只有不到 60% 的镇上居民去酒吧，他们去酒吧就会比待在家里更好。
- 如果超过 60% 的镇上居民去酒吧，他们去酒吧就不如待在家里。

遗憾的是，每个人都必须在同一时间做出决定，而大家事先并不知道酒吧会有多忙。显然，如果每个人都使用相同的策略来决定是否去酒吧，那么问题将永远无法得到解决。这个情况与投资的相似之处是显而易见的，瑞士信贷的报告《寻找轻松游戏》（*Looking for Easy Games*）就很好地阐述了这一点：

> 这就导致了一个悖论：获得信息的人越多，价格就越有效，而获得信息的代价就越低。有效的价格会导致投资者从主动转向被动，这可能又会导致无效，而主动型基金经理又可以从中获利。因此，如果每个人都主动投资，你就应该选择被动。

无论是在酒吧还是在金融市场，只有持有不同的观点，才能玩得开心。

公地悲剧是一种制度，在这种制度中，个人出于对自身利益的考虑，通过集体行为破坏资源，损害公共利益。最常被引用的例子是只允许个别农民的牛在政府所有的公共土地上吃草。从个人的角度考虑，允许自己的牛在城镇饲养的土地上吃草是符合每个农民的最大利益的。从整体上考虑，这么多牛在这么少的公共土地上放牧，肯定会造成过度放牧的现象，对各方其实都不利。在放牧的例子中，人们采取理性的个人行动在无意中破坏了更广泛的制度。

在考虑指数时，似乎也存在类似的情况。当单独考虑时，被动投资很有意义；它提供有吸引力的成本支出、广泛的曝光度和可接受的历史收益率。但正如布莱克·勒巴朗指出的那样，这可能会在金融市场上引发危险的酒吧拥挤问题：

> 在崩溃的预备阶段，群体多样性下降。代理人开始使用非常相似的交易策略，因为他们共同的良好表现开始出现自我强化。这使得群体非常脆弱，因为股票需求的小幅下降可能会对市场产生强烈的不稳定影响。这里的经济机制是非常清晰的。在市场下跌时，交易员很难找到可以出售的对象，因为其他人都在遵循非常相似的策略。在这里使用的瓦尔拉斯设定的场景中，这迫使价格大幅下降以出清市场。群体的同质性意味着市场流动性的减少。[108]

我们就像一名越南企业家拿着一把砍刀，试图通过编纂法规和控制市场来扭曲市场的效率。行为投资者理解并试图模仿被动投资的最佳部分——低换手率，最低费用和适当的分散化，不再屈服于心不在焉的买卖交易。

主动投资：客户的游艇在哪里

主动的投资组合管理在维持资本市场的健康运行方面起着重要的作用。尽管从历史上看，它在除去费用后对一小部分投资者不利，但如果市场要正常运转，那么它也是必须存在的。主动管理的目标——在经过风险调整（如果不是基于绝对业绩基准的话）的基础上超越被动指数业绩基准——普遍具有吸引力。遗憾的是，针对这些既定投资目标的行动并不一致。

表面上看，主动管理的好处之一是它应该会从行为错误中拯救我们，但研究表明，专业人士同你我一样容易犯愚蠢的错误。查尔斯·埃利斯在《投资的常识》中指出："专业管理下的基金往往在市场顶部有最低现金头寸，在市场底部有最高现金头寸。"他们就像我们一样，在股价高的时候贪婪地买进，反而在股价有吸引力的时候恐慌地卖出。

主动管理的一个显而易见的好处当然就是投资业绩，但这应当是在计入费用和交易成本后实现的。正如《基本面指数》（*The Fundamental Index*）所述，这两个障碍的影响是巨大的，占主动型基金经理每年业绩不佳的基金的0.5%~2%。近来，主动型基金经理们迅速将更广泛的政策环境当作替罪羊，美联储的宽松政策，从大衰退的痛苦中复苏。但事实是，上述趋势却是普遍而长期的。正如《华尔街日报》的贾森·茨威格所说：

> 不管你听说了什么，也不管你坚信什么，业绩不佳不仅仅是过去几年低流动性市场暂时的副产品。在截至1974年年中的

这10年里，89%的基金经理没能跑赢标准普尔500指数。在截至1964年的20年里，基金的平均表现落后约110个基点。即使从1929年到1950年，也没有一只大型共同基金跑赢过标准普尔指数。随便选一个你喜欢的时间段，结果总是令人沮丧。

在主动管理的世界里，时间就是金钱（常春藤联盟的数学天才是不会无偿工作的）。至关重要的是，所有与投资相关的尽职调查都必须是有附加价值的，而非收费昂贵那么简单。每花99美分去考虑如何挑选股票，你就要提供不低于1美元的股票价值。但先锋领航集团针对投资委员会如何利用时间所做的一项研究中，对投资者基金费用的使用情况提出了严肃的质疑。他们发现投资委员会是这样分配时间的：

- 40%——回顾过去的表现；不能通过他们个人的判断来预测未来的表现。
- 10%——基金经理的选择；根据布赖恩·波特努瓦博士援引的证据显示，在审核、调查基金经理过程中，只有5%的FOF基金经理在审核、挑选投资经理方面表现出具有辨识度的专业技能。
- 11%——非投资问题；煮咖啡和“周末过得怎么样”一类的寒暄。
- 13%——“其他”；这里附加价值并不多。
- 25%——战略决策；最后这一点还体现一些价值！

假如你没有被这些关于主动投资的负面报道吓倒，想要选择一家经常表现出色的“独角兽”公司——正如《股票投资的信念》(*Conviction in Equity Investing*)所述，这是选择主动型基金经理的难点之一。也就是说，“在商业世界中，主动的投资组合管理几乎是独一无二的，因为消费者在购买产品之前——或者在购买之后——无法识别股票真正的价值”。汽车具有实物和美学上的吸引力，这很容易理解。你可以坐在座位上，看看汽车是什么样子，看看车窗上的标签显示每加仑[①]汽油能跑多少英里。基金也有其衡量标准，但由于细则总是很快就会被披露，过去的业绩并不能预测未来的投资结果。事实上，均值回归就是这样，过去的良好表现往往与未来的成功成

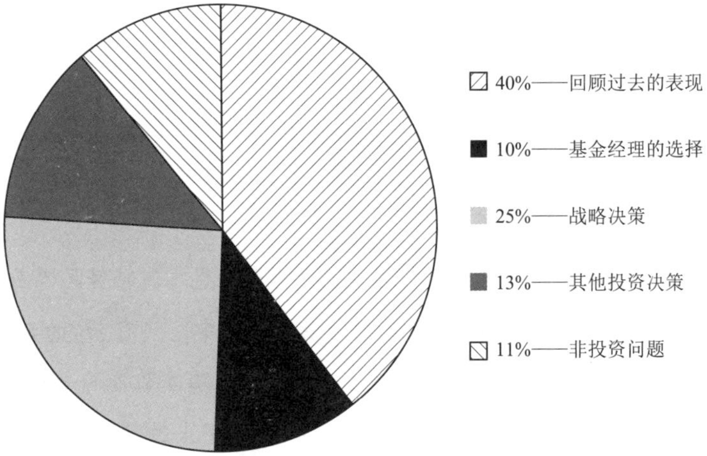

图 12-1 投资委员会是如何分配他们的时间的

来源:《股票投资的信念》，Hewitt EnnisKnupp 公司（2012）

① 1 加仑≈ 3.785 升。——编者注

反比！这就好比你在特许经销商店里坐上一辆奔驰车，开回家后却发现它变成了一辆南斯拉夫优格牌汽车。投资尽职调查中通常包含的内容——无论是过去的投资业绩，还是历史上的标准差——都无法让你清楚地了解一只主动管理型基金未来的表现。

投资委员会把大部分时间和资金花在了一些活动上，这些活动大大增加了费用，但对业绩影响甚微。基金经理人在严谨预测方面的才能的缺失、市场本身的变幻莫测以及过去投资业绩的不可靠性，都指向了一个变量，它是尽职调查过程中最重要的部分——投资过程。

基金经理的选择是一场“猎鹬”行动。过去的成绩是短暂的。纪律严明的行为过程加上可靠的行为防护是对未来的成功的最好预测，然而大多数高价资源却被花在那些表面上看起来有效、实际价值不大或没有实际价值的努力上了。主动管理有可能使得个人投资者和他们投资的资本市场都受益，但它往往不会通过贪婪、傲慢和对人类行为的错误认知来充分发挥其潜力。

主动投资的优缺点

• 优势——潜在的卓越表现，潜在的风险管理，对于更广泛的产品有价格发现作用。

• 弱点——费用高、确信度低，易出现历史投资业绩不佳、行为风险管理不当的情况。

理解主动投资和被动投资方法的弱点是一个并不舒服但又很必要的起点。被动管理之所以成功，是因为它可以做到自动实现、费用低、投资分散化；它有值得称赞但容易复制的特点。弱点是，它可以锁定坏的行为倾向（例如购买大型的、高价的股票），并通过不加以思考的方法导致市场的整体“脆弱化”。

主动管理是有效果的，因为它在起作用时是可以保护投资者不受行为错误影响的，可以对不断变化的市场条件做出反应，利用并学习他人的认知错误，并通过其异质决策风格为更大的利益而工作。可悲的是，主动管理的大部分潜在好处从未实现，因为管理者未能约束自己的行为缺陷，缺乏投资信念而且费用过高。

即使所有这些解构让你怀疑是否有更好的投资方法，我仍然相信是有的。行为投资者在仔细研究了两种方法的优缺点后，可以创建一个系统，从而利用两种方法的最佳部分。这种方法包括：

- 适当的费用。
- 适当的投资分散化。
- 对市场状况的响应。
- 投资研究的基本原理。
- 低换手率。
- 系统性地避免偏误。

我们可以把这种方法称为基于规则的行为投资。

第 13 章

基于规则的行为投资

此时此刻，你错过了周围发生的大部分事情。当你把注意力集中在这一页的文字上时，你忽略了你周围大量的数据：微弱荧光灯的嗡嗡声，你坐起来时身体的轻微紧张感，你舌头碰到牙齿和上腭的感觉，以及远处割草机的嗡嗡声。

整个处理系统——有意识和无意识的——容量是巨大的，大约包含 1 120 万比特数据。但鲍勃·尼斯博士认为，在我们大脑每秒处理的数百比特信息中，只有 50 比特分配给了有意识的思考！正如雅普·狄克斯特霍伊斯所说："……无意识并不存在容量问题。如果无意识是一个现代的计算机，那么意识只不过是一个古老的算盘。"他接着说："意识的低容量意味着它可能无法胜任那些需要做复杂决定的任务……其结果是，意识只会处理信息的一个子集。这可能会以牺牲最终行为决策为代价。"如果我们的大部分处理能力是靠直觉而不是靠深思熟虑，那么似乎有理由认为，我们的财务决策将会改善，因为我们能够更好地利用潜意识智慧的财富：这是一个在艺术和文学上都得到过强有力的支持的想法。

我们处于一个偏爱直觉的社会。在一个计算机能够思考和学习、工作越来越自动化的时代，想到人类大家庭的能力中还有一些独特的、几乎不可言喻的东西，这确实令人欣慰。如果你发现自己置身于将无意识推理浪漫化的阵营中，那么必须承认的是你有一些很好的同阵营伙伴。对非西方理性观的研究对史蒂夫·乔布斯的工作产生了巨大的影响，他对印度的观察尤其令他感动。乔布斯说：

> 和我们这些使用智慧的人不同，印度村庄里的人们会使用他们的直觉，而直觉比世界上其他东西要发达得多……直觉是非常强大的。在我看来，它是比智力更强大的。这对我的工作产生了很大的影响。西方的理性思维不是人类与生俱来的，它是后天习得的，是西方文明的伟大成就。在印度的村庄里，他们从来没有学过这些。他们学到了一些其他的东西，这些东西在某些方面是有价值的，但在另一些方面是没有价值的。这就是直觉和经验智慧的力量。

作家兼活动家安妮·拉莫特在谈及理性与直觉的辩证关系时是这样说的：

> 理性思维不会滋养你。你认为它给了你真相，是因为理性思维是这种文化崇拜的金牛犊，但这不是真实的。理性榨干了很多丰富、有趣、迷人的东西。

最后，法国哲学家亨利·伯格曼说：

> 我们看到，在与无生命的事物打交道时，智力是如此娴熟，但一旦接触到生命，它就会变得笨拙不堪。不管是对待肉体的生命还是精神的生命，它都要以一种不为这种用途而设计的工

> 具，以一种严格、僵硬和野蛮的方式来进行。智力的特征在先天上无法理解生命。相反，本能是由生命的形式塑造的。智力机械地处理一切，而本能则有机地进行着。如果沉睡在其中的意识苏醒，如果它被整合到知识中而不是呈现在行动上，如果我们能提问并且它能回答，它就会把生命中最隐秘的秘密交给我们了。

行为投资者需要的是数据，而不是十四行诗。当我们通过直觉来审视关于决策的研究时，一幅复杂的图景便浮现出来，它为以下状况赋予了更多的色彩，如个人的决策判断的方式和时机，以及在什么场合下必须谨慎地避免使用它。

直觉的证据

对直觉的研究之所以引人入胜，部分原因在于其中一些结果似乎完全是形而上学的。康奈尔大学的一项研究测试了直觉和预知能力，方法是让受试者在计算机上的两个“帘幕”中做出选择，其中一个帘幕里有一张色情图片。这些幻灯片是随机的，完全被有数字的帘幕遮盖住了。然而，在所有 100 次测试中，受试者正确识别情色幻灯片的能力比识别非情色幻灯片的能力更强！更令人难以置信的是，受试者的生理反应倾向于在计算机生成图像前的几秒就预测出正确的帘幕。

另一项关于直觉的测试则是让受试者先看两副牌，然后从中抽牌来代表金额，目的是尽可能多赚钱。一副牌被设计成先大赢然后大输，而另一副牌被设计成少赢小胜而且几乎不输。受试者被告知要摸索自己的模式，而且一旦弄清楚了就要说明自己所在的是哪一种模式。受试者在 50 张牌的情况下能够说出一种预感，在 80 张牌的情况下能够明确说出这种模式，但作为一种直觉，生理上的反应在更早的时候就表现出来了。早在第 10 张牌的时候，当受试者从更不稳定的牌堆中拿出一张牌时，他们手掌上的汗腺就会微微张开。潜意识知道显意识需要更长的时间来弄清楚。

狄克斯特霍伊斯在直觉决策和审议性决策的结果上做了开创性的研究工作，并得出了一些有趣的结论。不出所料，他发现："意识的能力较低，导致选择者在做决定时只考虑相关信息的某一个子集。"他还发现，带有意识的反思可能会导致对数据的不恰当加权，从而做出错误的决定，最终产生后悔的情况。例如，那些在深思熟虑后在一组 5 张海报中选出最喜欢的海报的受试者，与只简单看了一眼的受试者相比，对其决定的满意度更低。

这种无注意思考假说提出了一个有争议的观点，即尽管意识思维的能力有限，但它最适合做简单的决定，而无意识思维应该仍然保持在复杂选择的范围中。如果你需要选择一个烤箱手套，那么请仔细考虑一下，但如果你想买一栋房子，就凭直觉吧。为了验证这个观点，研究人员让人们观察四辆车，它们在客观上有更好或更差的区分（最好的车有 75% 的正面特征，而最差的车只有 25% 的正面特征）。在简单的（4 个变量）和复杂的（12 个变量）场景中重复这一过程，受试者被要求在 4 分钟内仔细考虑他们的决定，或者在做出选择之前用字谜分散他们的注意力。与无注意思考假说相一致，在 4 个变量的条件下，有意识的决策让人做出更好的选择，而在12个变量的条件下，情况却变得很糟。

随着复杂性的增加，深思熟虑的思考开始自我折叠，而且很难知道一个决策的各个方面应该如何加权。到底如何才能更好地将一辆低油耗但能见度有限的汽车与一辆马力大但外观平庸的汽车进行比较呢？这种影响似乎并不仅限于汽车比较。威尔森和斯库勒在1991年的实验中要求受试者评估不同的大学课程并做出相应的选择。在第一种情况下，要求受试者在对课程进行粗略分析后，立即做出选择。在第二种情况下，要求受试者仔细分析各种课程的利弊，并写下理由。和比较汽车一样，那些深思熟虑的人做出了更糟糕的决定，他们关注的标准也更加局限。随着复杂性的增加，人的决策能力也随之瓦解。更有趣的是，无意识的决定似乎会在选择后带来更好的主观评价。当人们不怎么用力思索自己的选择时，他们往往会对自己做出的选择更满意。

那么我们确定了！要想成为选股的专家，我们要做的就是关闭大脑，依靠直觉，让潜意识接管一切。嗯……还没那么快。因为，尽管有很多支持直觉的证据，但也有很多反对直觉的声音，尤其是在做具体投资决策时。刘易斯·戈德堡在1968年进行的一项研究中，分析了一种基于模型的评估精神疾病的方法与专业医生的临床判断的各自表现。这个简单的模型不仅从正面超越了心理学家的直觉，还打败了那些接触到模型的心理学家。[109]

在预测电影偏好、监狱重犯、葡萄酒质量、婚姻满意度等方面，模型的表现也被证明优于人类的直觉，而这些只是45个领域中的一部分，模型已经证明了自己的优势。[110]威廉·格罗夫、戴维·扎尔德、博伊德·勒博、贝丝·斯尼茨和查德·纳尔逊的元分析发现，模型打平或击败专家决策的概率高达94.12%，这意味着它们只有5.88%的概率会被人类的判断力击败。[111] 此外，在算法表现明显优于人类的诸多领域中，人类行为是其中的核心部分（金融市场亦是如此）。工作变动、自杀企图、青少年犯罪、大学学业表现、精神科住院时间和职业选择的情景都显示算法有超过17点的效应量。

尚托在1992的研究表明，家畜鉴定员、天文学家、试验飞行员、土壤鉴定员、国际象棋大师、物理学家、数学家、会计师、谷物检验员、照片解译员和保险分析师都具有明显的自主判断能力和直觉。而有些职业对自主判断能力和直觉则相对缺乏，这些职业包括股票经纪人、临床心理学家、精神病学家、大学招生顾问、法官、人力资源专家和智力分析师。

注意到一种趋势了吗？人类在学科探讨中的中心地位越高，直觉和判断的作用就越小。你可以自主地在风切变、土壤密度或损益表中做出选择，但一个小过失就会让它成为一个完全不同的话题。果不其然，尚托列出了以下标准，作为是否可以做出良好自主决定的衡量标准：可预测的结果、静态刺激和良好反馈的有效性。在资本市场中，人类行为绝对是其研究核心，不满足上面任何一个条件。

预测大师菲利普·泰特洛克强调了元分析在统计学上的结论："在任何领域中，人类都不可能明显胜过原始的外推算法，更不用说复杂的统计算法了。"这项研究结果是明确的——如果你在做投资决策时使用了人为判断，而不是根据流程来做投资决策，那么你做更多的工作反而会得到适得其反的结果。

培养直觉

春日的一天，巴勃罗·毕加索坐在公园里画素描，这时，一位欣赏他作品的人走近，并认出了这位伟人。她欣喜若狂地请求画家给她画一幅速写。毕加索答应了粉丝的要求，花了一小会儿时间画了一幅画，然后把画像递给了那个女人。这位女士开始惊叹这幅画是多么完美，它是多么巧妙地抓住了她本人的特征，它肯定会被后人珍藏。当她问毕加索应付多少钱时，毕加索回答："5 000 美元，夫人。"那位妇女对仅仅几分钟就能得到这么高的报酬感到震惊，她不以为然，并提醒毕加索整个工作只花了他 5 分钟。画家直视她的眼睛，回答："不，夫人，这背后花了我一生的时间呢。"

直觉是一生学习的无声集合，如果它有用，就必须加以培养。克兰德尔和格彻尔－赖特在 1993 讲述了新生儿重症监护室护士的故事，他们甚至在婴儿败血症被医学试验出来之前就学会检测这种疾病了。当被问及她们是如何发展出这种非凡的能力时，护士们并没有给出答案，但她们就是能做到。当研究人员开始研究这种天赋时，他们发现许多护士的正确直觉与日常最佳实践相悖，而且它们几乎没有一个出现在医学文献中。护士们通过长时间的艰苦工作和及时反馈，在这种简单、乏味的过程中培养了直觉的专业技能。就像毕加索一样，他们的天赋源于平凡而非奇迹。

西蒙在 1992 年给直觉下了一个定义，这个定义与我在文献中想了解的知识和轶事经验一致："情景提供了一个线索：它让专家接触到存储在记忆中的信息，而信息提供了答案。直觉只不过是一种认知。"很多时候，投资顾问把"倾听你的直觉"定位为某种明确的东西。事实上，这个建议的好坏取决于你的决定在多大程度上依赖于直觉判断，以及你在直觉这一点上的受教育状况。

但是，即使是最厉害的直觉也只取决于它所处的环境，而环境线索仍然是判断直觉是否可信的最佳指标。在一定程度的可预测性和快速反馈机制缺乏的情况下（这两种情况在金融市场中都不存在），直觉缺乏足够肥沃的土壤来扎根。我们有理由相信新生儿重症监护室的护士、物理学家或数学家的直觉，但很少有理由相信治疗师或选股者的直觉（遗憾的是，我身兼这两种职业）。这种直觉上的缺陷不是相关专家的错，而是由于他们从事的事业所属的学科造成的。正如默里·盖尔-曼指出的那样："想象一下，如果电子也能思考，那么物理学研究将会多么困难。"直觉在许多领域的力量都很强大，但不适用于变幻莫测的资本配置。了解到这一点后，一些投资者就会尽可能地了解市场，并通过自由意志的实践尝试在顺境和逆境中运用这些知识，这也是我们下一个思考的领域。

自由意志

你曾经选择阅读这本书吗？

这个问题看起来如此明显以至略显荒谬。"我当然选择了读这本书。"你想，"如果你继续问我这么愚蠢的问题，我就不再继续阅读了。"自由意志的主观体验是人类体验的核心；感觉就像我们在刻意地过某种生活，我们的思想正在朝那个方向努力。正如威廉·詹姆斯更巧妙地观察到的："我们自主生活中的刺痛感和兴奋感……依赖于我们的一种感觉，在这种感觉下，事情确实是由某一个瞬间决定的，这种感觉不是数世纪前锻造出来的链条发出的沉闷的‘咔嗒’声。”

但现代心理学的鼻祖詹姆斯本人是最早提出自由意志可以从身体流向大脑的人之一，这个流向与人们的普遍认知相反。根据詹姆斯的说法，大脑可能会意识到某种生理冲动，比如心率过快，以至它对认知能力的影响难以察觉。虽然身体确实在驱动大脑，但我们的感知恰恰相反。詹姆斯的观点在当时备受争议，但随着我们研究感觉和知觉能力的提高，他的观点逐渐成为主流。

格式塔心理学（gestalt psychologist）先驱所罗门·阿希对群体从众性进行了研究，这些研究至今仍被广泛讨论。阿希的从众性研究是在8个人的小组中进行的，其中7个人是这项研究的“同伙”，也就是说，他们是在开玩笑的一方。实验要求受试者观察一系列直线，并确定右边的哪条线与左边的那条线长度相同。实验中的刺激与你在图13-1中看到的类似。

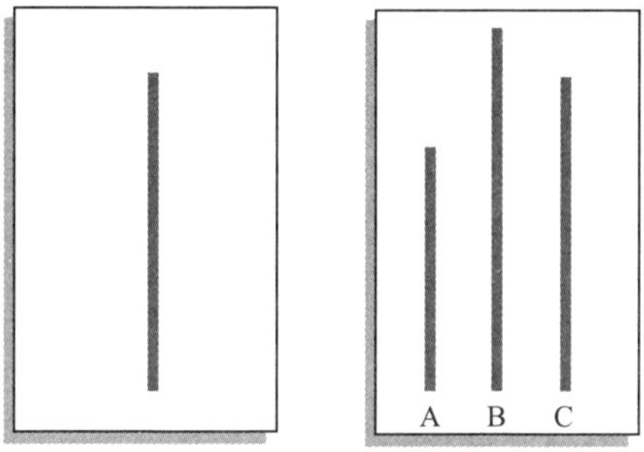

图13-1　阿希线形图

在前两次测试中（总共有18次），实验中的同伙经人指示给出了适当的答案。但从第三轮开始，7 名同伙给出了同样的错误答案，研究人员注意到了一名不明情况的受试者的反应。显然，实验重点是确定一无所知的志愿者会在何种程度上屈服于从众性，而不是给出明显正确的答案。在前两轮中，不了解情况的受试者在 99% 的时间里给出了正确的答案。当从众的影响开始扎根时，他们只在 67% 的时间里给出了正确答案，问题本身再简单不过——正确的线段对于我读小学的孩子来说也能很明显地选出来。但事实证明，从众心理对实验人群中的很大一部分人来说是不可抗拒的。

幸运的是，现代科学为我们提供了先进的技术，一种在所罗门·阿希那个时代只能梦想的技术——功能性磁共振成像。这项技术使我们能够在阿希实验的现代版本中监测到志愿者的大脑活动，并对如何做出这些决定提供更多的背景信息。符合条件者的神经图像显示，他们的前脑活动有限，而前脑是大脑中与批判性判断相关的部分。

相反，他们发现了大脑后部的活动，这是一个与视觉和知觉相关的区域。脑部扫描显示，那些被从众心理左右的人可能屈服了，并非简单地怀疑他们自己的选择或随波逐流做出选择，因为从众心理实际上改变了他们理解线条大小和形状的物理方式。来自周围的压力不仅影响了人们的观点，还改变了现实。研究负责人格雷戈里·伯恩斯说得好："我们喜欢认为眼见为实"，但研究表明，"人们看到的是别人希望我们相信的那个样子"。

脑电图研究支持了阿希实验第二个版本的发现，并提供了进一步的证据，证明了身体会首先记录那些大脑后来才意识到的东西。我们意识到想要以某种方式行动的那一刻，要比大脑活动的初始脑电波慢 300 毫秒，这是一个小而重要的时间差。更重要的是，我们对这种行为的动作反应至少比我们的意识慢 200 毫秒，这意味着我们在表达或行动之前就已经有了欲望。因为这一切都是在我们的意识下运作的，我们的生活经验是属于自由意志的，而事实上，“对于意图的感知和公开的行为都是由之前的事件引起的，而这些事件是意识无法触及的。”我们先思考并根据这种想法采取行动的这种经验，其实忽略了关键的第一步，神经冲动在我们身体上留下印记，同时催化了整个连锁反应。

即使我们假设自由意志在某种程度上存在（我相信它是有价值的），也有大量的证据支持人类自发做出财务决策的观点。

意志力

长途旅行的单调乏味为交谈提供了机会——既琐碎又耐人寻味，不然交谈可能永远不会发生。在我和妻子一次这样的旅行中，我们对“你愿不愿意”的设想情景已经穷尽（例如，你希望没有人参加你的婚礼或葬礼吗？），所以我们将谈话转到了更重要的事情上。当被问及出生的问题时，我妻子说，如果可以在任何时间、任何地点做出选择，那么她愿意出生在 20 世纪 60 年代的美国。我接着抛出的问题是：“如果你当时还活着，你认为自己会大声疾呼，支持种族平等和民权吗？”这引发了一些相关的问题，比如，如果你生活在 20 世纪 40 年代的欧洲，那么“你会反对犹太邻居的压迫吗”，在冷静的状态下，得益于历史的反思，人们很容易把自己想象成一个道德斗士，但一个对于行为和意志力的研究讲述了一个更复杂的故事。

耶鲁大学心理学家斯坦利·米尔格朗研究了我们面对权威时的意志力。米尔格朗的研究是在二战结束后的20年内进行的，他们开始回答这个问题——纳粹的普通成员是有罪的帮凶，还是只是奉命行事的普通人？为了验证这一点，米尔格朗招募了心理健康的男性参与一项旨在探讨惩罚与学习之间的关系的研究。受试者将隔着砖墙引导另一边的“学习者”进行一系列的练习。然后，作为老师，受试者通过问学习者一系列问题来评估其学习情况。如果学习者给出了正确答案，老师就会问下一个问题。错误答案会让老师针对后面每一个答错的问题给学习者施加一个强度更大的惩罚（电击）。这项研究中具有欺骗性的部分是，实际上只有磁带记录的尖叫声，这会让老师相信他（所有的受试者都是男性）正在伤害自己的学生。

为了模拟权威的效果，一名穿着灰色实验服的“医生”坐在进行测试的房间里，温柔地敦促受试者“请继续实验”，以防他因为伤害学习者而觉得不安。在进行这项实验之前，米尔格朗问他的学生、其他专业人士、甚至大屠杀历史学家，如果测试中漏掉了几个愚蠢的问题，那么有多少受试者会用接近致命的（他们是这么认为的）电压水平电击对面的这个陌生人。总体而言，估计数字都在较低的个位数。而在现实中，近2/3的受试者对学习者的电击程度一路加到最大级别！

实验中的一个转折是，米尔格朗在实验开始前就诋毁了学习者的性格，他告诉老师这一方，学生就在墙对面，他们“表现得像动物一样”。当权威人士玷污了学习者的好名声时，电击水平达到450伏的意愿上升到90%以上。在随后的研究中，米尔格朗采访了那些将学习者电击水平增加到最大程度的人，他们一致认为，如果权威人士示意他们伤害陌生人，那么他们是不愿意的，这与实验数据完全相反。米尔格朗的主要发现是：“一个人的行为往往不是由他是谁决定的，而是由他的处境决定的。”意志力似乎更多地与环境有关，而不是个人的坚韧，意识到这一点会让渴望控制感的人类家庭感到痛苦不已。来自市场营销的证据向我们展示了我们的行为有多么情景化。马丁·林德斯特伦报告说：“当伦敦地铁的扩音器里播放古典音乐时，抢劫事件减少了 33%，对工作人员的袭击行为减少了 25%，对火车和车站的破坏行为减少了 37%。”[112]

他接着说，环境决定了我们是买一瓶法国霞多丽还是买一瓶德国雷司令。林德斯特伦说：“在两个星期的时间里，莱斯特大学的两名研究人员在一家大型超市的葡萄酒区扬声器上播放了手风琴般沉重的、具有辨识度的法国音乐或者德国比尔凯勒铜管乐队的音乐。在法国音乐日，77% 的消费者会买法国葡萄酒，而在比尔凯勒音乐日，绝大多数消费者会直接去商店的德国物品区域。”

机遇而非个人道德或宗教信仰，才是婚姻忠诚度的最佳预测指标。研究表明，经常旅行的、富有的、长得漂亮的人最有可能出轨。一项关于婚姻不忠的调查发现，奥迪司机出轨的可能性最大，其次是宝马和奔驰。为什么没有起亚车主？嗯，并不是因为起亚司机在道德上比那些开宝马和奔驰的人优越，而是因为没人愿意和开起亚的人睡觉！我们很容易对泰格·伍兹这样欺骗配偶的人进行评判，而他的行为总会被那些发现自己也处于类似处境的指控者不断重复。

如果简单的东西可以像音乐这样影响一切，从肆意破坏公物到葡萄酒的选择，再到婚外偷情，那么想象一下，我们的行为是如何被金融动荡期间看到的金融新闻和狂轰滥炸的观点塑造的。投资者可能在心里知道，她应该在别人恐惧时贪婪，但她还从美国全国广播公司财经频道的评论员那里得到了有力的背景线索，他们告诉她天要塌了，更不用说她在打开他的季度投资组合报表时自己感受到的恐惧了。尽管我们可能不愿承认，但研究表明，无论你表现的是强是弱、是善是恶，你都和你所处的环境相一致。

如果环境决定下的意志力还显得不够糟糕，那么，也有研究表明，即使我们再努力自我控制，我们有限的储备也很快消失殆尽。在一项研究中，学生们被要求记住或回忆 7 位数或两位数的数字，然后他们可以选择水果或蛋糕作为奖励。执行简单任务的大多数人（59%）挑选了健康食物的选项，而几乎 2/3（63%）记住长串数字的人选择了蛋糕。类似的研究表明，在一天的早些时候不吃零食的节食者会在一天的晚些时候吃更多的冰激凌，将其作为一天中的味觉测试。当我们克制和约束的有限储备在一个领域耗尽时，它们似乎会让位给其他领域。

对实验室研究的一个常见批评是，由于风险较低，所以它们缺乏现实的适用性。人们表示:“水果和蛋糕是一回事，但当真正的美元受到威胁时，人们的行为会有所不同。”但是意志力疲乏在一项针对购车者的实际研究中表现得很明显，这让他们多花费了数千美元。研究人员对那些定制汽车的消费者进行了调查，让他们在四种不同的换挡方式、13 种不同的轮辋、25 种发动机配置和 56 种完全不同的内饰颜色之间进行选择。在这个过程的早期，顾客会仔细思考并理性地权衡每一个决定，但是随着这个过程的开展，他们的意志力会逐渐消失。在这一过程中，后期做出的决定比前期少得多，客户更有可能接受经销商选择的默认选项。当经销商开始理解这一趋势时，他们重新调整了选项的呈现方式，将高价选项放在最后，最终他们向买家收取的费用比之前高价物品放在选择序列靠前的位置时的定价要高出 2 000 美元。即使在风险很高的时候，我们也能克制。

鲍迈斯特在情感、意志力和决策方面的研究对投资者非常适用。他在 2003 年的论文中总结了有关这一课题的研究结果，包括：

- 情绪困扰（由市场波动引起的那种）会导致人们无法考虑所有的选择，并使人们倾向于选择高风险、高回报的选项，尽管它们在客观上是很糟糕的选择。
- 当自尊受到威胁时（我此时会看着苦苦挣扎的对冲基金经理），人们就会失去自我调节的能力。傲慢的人（我提到过对冲基金经理吗？）会急于证明外界批评者是错误的，尽管这意味着承担更大的风险。
- 归属感的需求是人类动机的一个核心特征，当这种需求受挫时（在耐心、逆向投资中必然如此），非理性和自暴自弃的行为就会变得更加常见。

当被问及如何从大屠杀的恐怖中幸存下来时，著名的奥地利精神病学家（也是我的偶像）维克多·弗兰克尔说：“刺激和反应之间有一个空间。在那个空间里，有我们选择回应的力量。我们的成长和自由就在于这种回应。”弗兰克尔在集中营里失去了一切，失去了他爱的每一个人，他的经历似乎与我刚才谈及自由意志时所采取的更加确定的立场背道而驰。弗兰克尔有各种借口以恨还恨，然而他通过意志的力量和对个人意义的关注求得生存和发展，这在他的《活出生命的意义》一书中曾与世人分享，这本书或许是有史以来最伟大的著作。

但与弗兰克尔的故事同样重要的是，它之所以受到尊崇，很大程度上是因为它太不可信了。面对类似的情况，我们中很少有人能表现出弗兰克尔那样的韧性。关于自由意志是否存在的更广泛的讨论，已经超出了本书的范围以及我的思维能力，但是，投资行为受到外部因素的显著影响，这是所有把钱投入工作的人都应该明白的。行为投资者应当理解真正的自由，它存在于对自由的限制的理解之中。

第 14 章

风险为先的行为投资

最好的计划是……从别人的愚蠢中获利。

——盖乌斯·普林尼·塞孔都斯

在互联网经济最繁荣的时候，一家平淡无奇的名为 Computer Literacy 的公司在更名为 fatbrain.com 后，股票在仅仅一天之内就上涨了 33%。更有趣的是 Mannatech（美泰）公司的故事，该公司股票在首次公开募股后的头两个交易日飙升了 368%。狂热的科技投资者（其实是投机者）热衷于投资任何与互联网有关的东西，而一家名为 Mannatech 的公司听起来绝对符合他们的要求。但唯一的问题是，Mannatech 公司生产泻药。

这两个故事听起来像是为了证明某一论点而精心挑选出来的偶发事件，但在纳斯达克股市崩盘之前，将名字改为与互联网相关的公司的表现要比同行高出 63%！从理论上讲，一只股票的价值应该与其未来利润贴现值相当。实际上，像改名字这种愚蠢的事情可能会产生巨大的影响。

这种错误符合行为投资者的最佳利益，他们是潜在超常收益表现的来源。然而，正是这种为行为套利赋予生命的人类弱点，催生了泡沫、恐慌和崩盘等财富损失。简而言之，行为投资者的任务就是“利用错误并避免恐惧”。

劳累和烦恼

在有组织的证券交易所发展之前，泡沫早已存在，这是对市场中持久存在的人类非理性的赞颂。在15世纪的德国，银矿的部分权益被称为kuxe（采矿企业股份），人们用它来交易，甚至使用信用购买它。正如网站ValueWalk上所描述的：

> 交易是在金融交易会上进行的，在此期间股价可能会大幅波动。1554年，马丁·路德对此发表了一段著名的谴责言论：“Ich will kein kuks haben! Es ist spiegelt, und es will nicht wudeln [gedeihen] dasselbige gelt。”（这和采矿企业股份没有任何关系。这是货币的游戏，不会产生现金。）

在采矿企业股份泡沫之后的一代，荷兰黄金时代催生了郁金香泡沫，在当时的荷兰，一株球茎郁金香的价格相当于一座联排别墅。但经历过泡沫的人似乎很难让下一代人不再犯类似的愚蠢错误。国际货币基金组织（IMF）的报告称，泡沫如今被视为“现代经济史上反复出现的一个特征”，并举了例子，1800—1940年，仅美国和英国就出现过13次股市泡沫。泡沫曾经一直存在，并将永远伴随着我们，而忽视这些与基本价值相偏离的投资者，是在自担风险。

泡沫出现在充满不确定性的金融市场中是有道理的；但弗农·史密斯和他的合著者在现实中发现，泡沫似乎是自然发生的，即便是在价格明确、时间有限的市场中也是如此。史密斯和他的公司给了实验对象一些资金，让他们在一段确定时间内交易一种基本面价值（等于它所支付的预期股息之和）广为人知的金融资产。即使在这种受控的情况下，其价格也远远高于真实价值，然而它在时间周期即将结束时发生暴跌。

一些著名的投机热潮、恐慌情绪和金融崩溃事件

郁金香泡沫（荷兰）—— 1637 年

南海泡沫（英国）—— 1720 年

孟加拉泡沫（英国）—— 1769 年

1772 年信贷危机（英国）

1791 年金融危机（美国）

1796—1767 年大恐慌（美国）

1819 年大恐慌（美国）

1825 年大恐慌（英国）

1837 年大恐慌（美国）

1847 年大恐慌（英国）

1857 年大恐慌（美国）

1866 年大恐慌（英国）

黑色星期五（美国）——1869 年

1882 年巴黎证券交易所崩溃（法国）

巴西经济泡沫（巴西）——1890

1893 年大恐慌（美国）

1896 年大恐慌（美国）

1901 年大恐慌（美国）

1907 年大恐慌（美国）

大萧条（美国）——1929 年

1937—1938 年经济衰退（美国）

1971 年巴西股市崩盘

1973—1974 年英国市场崩溃

Souk Al-Manakh 市场崩溃（科威特）——1982 年

黑色星期一（美国）——1987 年

巴西里约热内卢证券交易所崩溃 ——1989 年

日本资产价格泡沫 ——1991 年

黑色星期三（英国）——1992 年

亚洲金融危机——1997 年

俄罗斯金融危机——1998 年

互联网泡沫（美国）——2000 年

中国股市泡沫——2007 年

2007—2009 年大衰退（美国）

欧洲主权债务危机——2010 年

2010 年闪电崩盘（美国）

人们做了大量工作，试图复制史密斯的研究结果，并试图确定这些发现是否适用于不同的市场和市场受试者。“有经验”的交易员（那些以前玩过这种游戏的人）可以通过反复练习来消除泡沫，但一旦估值的数字发生变化，泡沫就会再次形成。模拟市场已经开始运行，允许卖空，使用不同种类的市场，有各种各样的规则。但在任何情况下，泡沫都会出现。

哈佛大学的一项研究试图复制史密斯的研究，但有一个重要的出发点：市场中没有投机的能力，也没有“更大的傻瓜”去接手那些价格疯涨的资产。你猜对了，即使在这种戴着儿童手套的模拟游戏中，也会出现泡沫和崩溃。正如这项研究所报告的：“结果表明，偏离基本面价值不是由于缺乏理性常识而导致投机，而是由于行为本身会表现出非理性的因素。”即使在以现实世界永远不会有的方式进行人为约束的实验性市场中，错误和恐怖仍统治着一切。

泡沫的形态

尽管席勒为经济泡沫确定诊断标准的努力值得称赞，但事实是，没有两种泡沫是完全相同的。当然，它们有一些共同的特征，比如资产价值疯涨，但接下来会发生什么（这才是最重要的）就远没有那么容易预测了。在一项关于泡沫本质的开创性研究（“法玛泡沫”）中，格林伍德、施莱费尔和游杨分享了一些有趣的发现。其中最引人注目的是，实际上只有一小部分泡沫破裂了。研究人员识别出了从 1928 年到现在的 40 个泡沫（以两年或更短时间内有 100% 的增长来界定），但注意到只有一半多的泡沫破裂（以两年或更短时间内有 40% 的损失来界定）。在那些最终破裂的泡沫中，损失发生得非常迅速且具有普遍性："在 21 个泡沫中有 17 个经历了崩盘，该行业经历了一个 −10% 甚至更糟的单月收益率。"

另一个有趣的发现是，崩盘的规模在很大程度上与上涨的规模相当——价格的大幅上涨往往会带来更大幅度的下跌。正如瑞索尔兹财富管理公司的迈克尔·巴尼克在他的研究总结中所写的那样："如果一个行业的股票上涨了 50%，那么在未来两年内其崩盘的可能性只有 20%。若是 100% 的收益率将崩溃的概率增加到 53%，150% 的收益率会将崩溃的概率增加到 80%。"我们可以总结出什么要点呢？只有大约一半的泡沫会破裂，但当它们真的破裂时，就必须小心了。

你能识别泡沫吗？

诺贝尔经济学奖获得者罗伯特·席勒博士认为，经济泡沫可以通过检查清单进行诊断，其方式与心理学家根据特定精神疾病诊断标准检查病人的精神健康状况大致相同。席勒博士提出了以下几点作为识别泡沫的出发点：

- 资产价格大幅上涨了吗？
- 投资公众对这些价格上涨感到兴奋吗？
- 是否有随之而来的媒体狂热情绪？

- 是否有普通人致富之类的诱人故事?
- 普通公众对这一类资产类别的兴趣是否日渐浓厚?
- “新时代”理论是否可以证明估值过高的合理性?
- 贷款标准下降了吗?

给我讲个故事

当我还是个孩子的时候，主日学校就教导我说魔鬼是危险的，不是因为他格外邪恶，而是因为他是一个充满诱惑性的亦真亦假的大师。同样，可以说几乎每一个泡沫都是从一些真相开始的。只有当真相被人类叙述扭曲时，危险才会显现出来。

的确，互联网改变了我们的生活，改变了世界商业运行的方式。不真实的是，任何以“.com”命名的公司都会成为这场革命的受试者。泡沫的产生和消亡是基于基本面因素的，但我们在整个过程中对故事创造的需求也推动了泡沫的产生和破裂。这个过程通常是这样的:

- 价格上涨是由基本面原因造成的。
- 价格上涨会吸引注意力。
- 出现了解释价格上涨的叙事。
- 积极的叙事又带来了一连串的价格和成交量的增长。
- 叙事被打破，导致价格回归基本面。

罗伯特·席勒博士将泡沫定义为“一种价格上涨导致价格进一步上涨的社会流行病”，而故事只是一种手段，在它之下，一点点基本价值的火花也可能变成非理性的熊熊烈火。

蒂特和桑德伯格在《用叙事破解资产泡沫之谜》(*Cracking the Enigma of Asset Bubbles with Narratives*)一文中谈到了故事创造和维持泡沫的力量，这篇文章的名字恰如其分，列举了叙事如此强大的三个具体原因。首先，资产泡沫通常是围绕在历史先例有限的新想法或创新形成的。在这种情况下，公允价值的历史衡量标准要么不存在，要么被视为不直接适用。在缺乏历史数据的情况下，故事就成为主导了。其次，泡沫往往发生在监管宽松和信贷宽松的时期，而在这种环境的乐观情绪下，故事往往比分析更具优势。最后，在一个充斥着大量投资机会的高速运转的世界里，我们处理每一种可能的产品的能力会因为发行产品的复杂性、数量和速度而降低。在这种嘈杂的环境中，故事提供了一个不错的喘息机会，让我们从更为烦琐和耗费认知的定量尽职调查工作中解脱出来。故事帮助我们在缺乏数据的情况下理解事物，并提供快速而粗略的价值近似值，但是当故事发生变化的时候，接下去会发生什么呢？

在我的第二次 TEDx（TED 的一个项目）演讲“性、基金和摇滚”中，我谈到爱情方面的决策与躁狂时期的财务决策存在着许多共同之处。简而言之，爱上一个人或一只股票，往往会让我们相信之后总会有一个童话般的结局，而忽视那些与做出正确选择更加相关的数据。

亚瑟·叔本华在评论性欲对决策的影响时说：“我们不应该对那些永远不会成为朋友的人之间的婚姻感到惊讶……爱……将自身投

射在那些除了性之外会让我们憎恨、鄙视甚至厌恶的人身上……在做爱之后会立即听到魔鬼的笑声。”实际上在日本存在一个词来形容“性交后的清醒状态”——kenjataimu，翻译过来就是“贤者时间”。

没有了性欲，我们便开始在一个更理性的层面上评估自己的决定，可能会后悔前一天晚上做出的那个选择，或者质疑我们对于伴侣的选择。同样，当带来泡沫自我强化效应的故事让位给冷静回归市场的基本面时，投资者也会有一段时间会沉浸在“贤者时间”之中。在爱情和金钱中，故事只会持续这么久，而且最终会让位于更残酷的现实。再深挖一下这个比喻，一个行为投资者必须学会享受调情，同时要确保不要嫁给一个让人后悔的人。

信任，但也要核实

确切地说，把你辛辛苦苦挣来的财富托付给一个疯狂到仅仅因为名字里含有“科技”二字，就能把一家泻药公司推入云端的市场，是一个可怕的提议。同样，真正了解了泡沫、恐慌和崩盘的频率和严重程度，即使是最坚定的投资者也会想把钱藏在后院。但正如对错误和恐惧的了解是成功投资管理的先决条件一样，我们也不能让错误和恐惧成为让投资者过度看跌的干扰因素。长期以来，市场一直在惩罚悲观情绪，有一个不争的事实：仅靠市场的疯狂并不会让你成长为一个心理学家。

正如耶鲁大学的威廉·N. 格茨曼所指出的：“过分强调避免泡沫，或误解繁荣过后崩盘的发生频率，对长线投资者来说是非常危险的。”本·卡尔森在他的文章《崩溃统治我周围的一切》（*Crash*

Rules Everything Around Me）中也对恐惧的不对称性提出了类似的观点：

- 美国股市在 1980 年上涨了 400%，但我们只会谈论起 1987 年的崩盘。
- 1990 年，债券给投资者带来了超过 100% 的总收益率，我们关注的却是 1994 年的利率飙升。
- 新兴市场股市在 20 世纪 90 年代上涨了 185%，我们却生活在 1997 年新兴市场货币危机的恐惧之中。

成为一个行为投资者意味着要尊重和意识到泡沫和崩溃，而不是被这些认知麻痹。有一种比深陷于摧毁财富的崩盘状态更可怕的疯狂状态，就是人们变得过于恐惧它们，这会让人错过市场带来的所有红利。

要保持这种平衡，需要一个以规则为基础的、不频繁变动的保守体系，它不仅能解释我们常被故事俘获的短期趋势，还能解释市场回归基本面的长期趋势。一个行为投资者必须学会在最适合的时间和季节里同时使用价值和动量的方法，而不是成为一个个智力阵营的奴隶。

避免恐惧

2015 年 8 月 29 日，为了保护路易斯安那州新奥尔良市市民而设计的 50 座防洪堤在洪水中决堤了，洪水淹没了 10 万多户人家，数百亿加仑的水灌满了这座城市。这场悲剧涉及的范围很难完全掌握，其中 1 800 多人丧生，100 万人流离失所，遭受损失 1 080 亿，联邦紧急事务管理署（FEMA）称这是“美国历史上最严重的灾难”。

卡特里娜飓风带来的损失大部分是由天灾造成的，但人类也有自己的责任。防洪堤被认为是抵御洪水的最后一道坚不可摧的防线，但它彻底失效了。造成这种情况的原因有很多：对土壤密度的计算错误，多达 1/3 的堤坝不完整，使用了不合适的材料，许多堤坝相当低矮。在许多地方，防洪堤只有 10 英尺高，在风暴造成的 24 英尺波浪面前无能为力。防洪堤的问题是金融领域时常观察到的一个问题：它们的设计目的是应对有史以来最大的风暴，而非未来可能出现的最大风暴。

银行和风险管理机构使用的压力测试过程，会参考过去的数据，了解市场下跌的持续时间、力度和严重程度，并试图确保这些过程在历史上处于稳健的状态。当然，这其中的疑问在于，有史以来最严重的崩盘状况只会在下次更严重的崩盘来临之前得以保留这顶王冠。我们没有任何办法保证，甚至基本没有理由相信过去的一切就是未来的一切。纳西姆·塔勒布将这种毁灭性的想法称为“卢克莱修问题”，它是以一位哲学家的名字命名的。这位哲学家认为，愚人相信世界上最高的山与他观察到的最高的山相等同。另一个相关的问题是“火鸡问题”，它以感恩节时享用的家禽命名。如果火鸡只是求助于历史真相，那么它在面对真正的风险时就会被严重误导。农夫每天都带着水和谷物等礼物在火鸡面前出现，也就是说，在他挥舞着斧头出现之前都会是这样。虽然这种行为可能没有历史先例，但一旦出现，对火鸡来说就是灭顶之灾。

就像一个仁慈但有时会有杀气的农民，市场也会在通常情况下给予人类财富，但肯定会以戏剧化的方式拿走财富。因此，要做的事情通常是什么都不做。支持买入并持有的先锋领航集团研究了一些无变化账户和进行了微调的账户的表现，发现无变化账户的表现明显好于经常变化的账户。迈尔·斯塔特曼援引了瑞典的一项研究，该研究显示，最重量级的交易员每年因交易成本和错误的时机选择而损失了 4% 的账户价值，这些结果在全球范围内都是一致的。在 19 个主要的证券交易所中，账户频繁变动的投资者比买入并持有的投资者每年落后 1.5 个百分点。贾森 · 茨威格在他的《魔鬼金融词典》(*Devils Financial Dictionary*) 中简洁地总结了过度交易的无益之处，并对短线操盘手下了定义:“名词，可参见词语‘白痴’。”

尽管有种种证据表明择时交易是愚蠢的，但同样也有令人信服的证据表明，买入并持有的方式即便对最有耐心的投资者来说也可能会产生令人不满意的结果。迈克尔 · 巴尼克发表了下面的数据表格，它让我们清醒地认识到，在很长一段投资时间内，真实的投资收益率可能会变得多么糟糕，这种情况的发生有多么频繁。

表 14-1 1 美元的实际增长情况

1929—1943	1.08美元
1944—1964	10.83美元
1965—1981	0.94美元
1982—1999	11.90美元
2000年至今	1.35美元

厄本·卡梅尔在他的帖子《什么时候买进并持有用，什么时候无效》(*When Buy and Hold Works and When It Doesn't*) 中分享了一些有趣的见解。他发现，在 1929 年的 30 年后，标准普尔 500 指数在 15% 的时间里低于其实际价值 (通货膨胀调整后)。事实上，在 56 年后的 1985 年，以实际美元计算，标准普尔指数是低于 1929 年的峰值的！当然，这意味着，经过通胀调整只有 85% 的长期收益为正，但如果你的整个投资生涯基本上是低增长或者负增长的时期，那么这也算是个小小的安慰。

卡梅尔使用了一种被称为"托宾 Q"(Tobin's Q)的指标(与市盈率非常相似，但采用的是一种更为稳定的资产负债表计算方法，而非收益)，卡梅尔 (毫无悬念地) 证明，在一段长期业绩不佳的阶段之前，往往会出现估值过高的情况。在那些 20 年的股市业绩不佳甚至收益为负的时段之前，就曾出现过 Q 值大于 1 的情况，如 1929 年 (1.07)、科技泡沫时期 (1.64) 和写此书时期 (1.15)。

使用席勒的 CAPE (周期性调整市盈率) 水平重新考察那些巴尼克的低真实收益率时期，我们还发现，长期糟糕的表现往往始于过高的估值，随着时间的推移，这种过高的估值会逐渐消失。上述年份中每年 1 月 1 日的总体市场 CAPE 水平如下：

- 1929 年——27.06
- 1944 年——11.05
- 1965 年——23.27
- 2000 年——43.77

- 现在——28.80
- 均值——16.67

在过去的 100 年里，全球经济创造和积累财富的能力让人震惊，也让永远持悲观态度的人望而却步。全球的繁荣并非没有出现过焦土政策般的波动。实际上，正如麦嘉华指出的那样：“七国集团所有国家都至少经历过一段股票价值缩水 75% 的时期。不幸的是，75% 的跌幅需要投资者实现 300% 的收益才能回到原来的水平。”他接着说：

> 个人投资者投资美国股市是在 20 世纪 20 年代末和 20 世纪 30 年代的早期，投资德国各资产大类是在 20 世纪 10 年代和 20 世纪 40 年代，投资俄罗斯股市是在 1927 年，投资中国股市是在 1949 年，投资美国房地产是在 20 世纪 50 年代中期，投资日本股市是在 20 世纪 80 年代，投资新兴市场和大宗商品市场是在 20 世纪 90 年代末，而在 2008 年可以投资几乎所有类型的资产，通过以上情况可以推断，持有这些资产绝对不是一个明智的行动。大多数个人投资者并没有足够长的时间从这些高风险资产类别的大幅缩水中复苏。

大多数情况下，购买并持有的方式对大多数人来说都是有意义的，但这并不能保证这种投资方式在你个人的时间线和投资背景下会成为你最明智的投资建议。

规则和例外

因此，一个市场心理学的学生会发现自己站在十字路口，处在一个尴尬的境地。他深知市场中的择时通常是无效的，但他也知道，在历史上的某些时期，总体的市场水平已经明显与任何基本面价值严重脱节。从咆哮的 20 年代和“漂亮 50”，到科技泡沫和房地产危机，狂热的时期相对频繁地出现，利用典型的估值指标就能很容易发现，这些市场狂热时期同时也产生了巨大的财富毁灭效应。

如果规则是“不要在市场中择时”，那么有没有可能存在一些例外？我相信确实存在，与我们从行为学角度强调的逆向思维相一致，它们很少发生，实施起来很痛苦，而且与我们感觉正确的方向相反。正如霍华德·马克斯所言，风险的反常之处在于，它在人们最感觉不到的时候最为明显。

因此，行为投资者有责任创建一个系统，可以让他在不被杀死的情况下获得最大的收益。大多数情况下这意味着继续投资，因为市场的大部分时间都在上涨。从 1872 年到 2003 年，标准普尔 500 指数在 63% 的年份里都是上涨的，下跌情况只占 37%。但第一信托的研究充分说明了在困难时期采取“行为降落伞”的必要性。虽然牛市的平均时长比熊市长得多（牛市为 8.9 年，熊市为 1.3 年），但熊市的累计损失平均为 41%。除了随之而来的明显的财务损失，行为学上的损失可能更大。很少有人在看到自己的财富缩水 41% 的情况下，还能保持适当的风险承受能力。

就像地震一样，没有人知道下一次市场崩溃何时来临，但这并不意味着我们不能创建一个在大地开始摇晃时变得更加保守的体系。正如纳西姆·塔勒布所说："没有经历过海啸或经济事件是情有可原的；但建造一个面对危机脆弱不堪的体系则万万不可原谅。"当然，所有这些都回避了一个问题：这到底是一个什么样的系统？

为了建立一个系统来阻止刚刚我们提到的灾难性损失，一些投资者将目光转向了基于动量的模型（momentum-based models）。

这些工具中最常用的是一种200日移动平均线的变体，即只要某一资产类别高于其价格的200日移动平均线，我们就会继续持有，当它跌破时200日移动平均线时它就会被卖出。就像物理学中的动量理论一样，价格动量理论认为强势和弱势都将持续存在。杰里米·西格尔在他的经典著作《股市长线法宝》中，将这种方法应用于道琼斯指数（DJIA）和纳斯达克指数（NASDAQ）。西格尔的测试结果显示，收盘时，如果该指数比200日移动平均线高出至少1%，就买入该指数；收盘时，如果该指数比200日移动平均线至少低1%，就买入美国国债。利用这一简单而机械的方法，西格尔指出，当方法应用于道琼斯指数时，其表现略好，而在1971—2006年的纳斯达克指数上进行测试时，其表现每年高出4%。

麦嘉华采用了类似的方法，他在《战术资产配置定量方法》（*A Quantitative Approach to Tactical Asset Allocation*）一文中测试了关于10月移动平均线（ten-month SMA）的方法，这篇文章是目前"社会科学研究网络"上下载量排第二的论文。麦嘉华在每个月的最后一个交易日结束时分别测量10个月的平均价格，当月平均价格高于10个月移动平均线时买入，当月平均价格低于10个月移动平均线时卖出并转化为现金。麦嘉华的方法的简洁性掩盖了其降低波动性和复合收益率的能力——结果是显著的。1901—2012 年，择时模型的年收益率为 10.18%，而标准普尔 500 指数是 9.32%。更令人印象深刻的是，它大幅降低了波动性，从 17.87% 降至 11.97%，并相应地放大了收益率。尽管 100 美元的投资在指数里变成了 2 163 361 美元，但择时模型的最终价值为 5 205 587 美元。

许多深陷于买入并持有这个传统的投资者会发现，我接下来说的这种情况实在令人厌烦，即投资者应该在市场中寻找安全并适于择时的那些时期，尽管这种情况相当罕见。许多人会以沃伦・巴菲特为例，他曾反复说，自己最喜欢的持股期限是“永远”，因为他坚决反对任何形式的市场择时。然而，巴菲特的这句话是“照我说的做，而不是照我做的做”的经典案例。正如杰西・费尔德在 2017 年所报道的那样，当时伯克希尔・哈撒韦公司坐拥史上最大一笔现金（超过 500 亿美元），而此时的股票估值只有科技泡沫、大衰退和大萧条水平可以与其匹敌。正如戴维・罗尔夫在评价这位“奥马哈的先知”时所说的那样：“这家伙不会把钱花出去。（他）是我见过的最好的市场操盘手。”

说到巴菲特，在他 1992 年的伯克希尔・哈撒韦公司董事长信中可以找到一句不那么精辟但颇为中肯的话：“按折现现金流计算显示的最便宜的投资才是投资者应该购买的……此外，尽管价值等式通常显示股票比债券便宜，但下面的结果也不是必然的：当债券被认为是更具吸引力的投资时，就应该买入。”

这位先知不是一个“将所有股票一直持有”的投资者，而是一个深思熟虑的资产配置者，让我们直面真相吧，那就是把握市场机会进行择时。巴菲特曾经对互联网泡沫进行了市场时机选择，今天他又这么做了，不是因为自己的无知，而是出于他对概率的理解。高油价伴随着疲软的势头和市场的负面情绪，总是预示着低收益。这次情况可能会有所不同，但我和巴菲特都不会指望它了。

彼得·林奇曾得体地打趣道："投资者在准备调整或试图预测调整时所损失的资金，远远超过他们在调整过程中所损失的资金。"但正如杰西·费尔德在他的费尔德报告中指出的，在评估林奇的投资记录和建议时，必须要考虑他的背景。在林奇1977—1990年的职业生涯中，有一段时间，股票比平均估值（以市值与GDP之比来衡量）低了一个标准差。相比之下，我们发现，我们有比以同样的标准衡量的平均水平高出两倍以上的标准差。事实上，林奇职业生涯中资产价值最高的月份（1987年9月）与过去15年的绝对最低点（2009年3月）是可以直接比较的。像林奇所经历的那样的低估值时期的市场会带来正向的远期收益，这使得买入和持有的方式非常有吸引力。就像一个6英尺高的人会在3英尺深的河水淹死一样，投资者也会在一个年收益率长期为10%的股票市场中淹死。

像我们遵循的基于规则的行为投资方法，最重要的是要让概率对投资者有利，这意味着默认的市场受试者的行为应该是有耐心、冷静和无为的。同样，任何旨在把握市场参与时机的规则都不应导致贸然行动，应该引导人们寻找一切理由保持投资的状态。

哲学经济学博客针对择时提出了一个有趣的观点——具体地说，就是以一种与我们考虑资产配置的方法差不多的方式来看待市场时机选择。如果投资者将40/60的长期资金配置在股票和现金上，是不太可能获得可观的收益的，因为他们的投资方向是偏向安全的。同样，任何让投资者离场观望的系统，都会有60%的概率极大地损害他们的业绩。然而，正如一个谨慎的投资者可能会把自己的一小部分财富放在低风险资产中以保全他的本金和心智一样，当市场处于最糟糕的时候，行为投资者也可以遵循一个系统化的过程来减少风险。毫无疑问，任意的、毫无顾忌的、频繁的投资活动是一种罪恶，但我赞同克利夫·阿斯尼斯的说法："择时是一种投资罪恶，但这一次，我建议你至少犯一点儿罪。"

第 15 章
行为投资里没有万能的宇宙主宰者

毫无疑问，大多数资产管理公司的任务都是产生巨额收益，但试想一下，如果你被赋予了恰恰相反的一个任务——创建一个表现尽可能糟糕的投资组合，那么，你要从哪里开始组装这样一个畸形的怪物组合呢？

你可能要从一开始就违反健康投资的一些基本假设。比如，你的投资组合没有分散化，只包含 5 只股票。你可能会购买估值较高的股票（研究显示，随着时间的推移，这些股票将表现不佳）或成交量极少的股票，从而进一步妨碍投资。但是，尽管你尽了最大的努力创造一个垃圾投资组合，但垃圾箱之火在混乱状况下实际上也完全有可能表现得很好！

当然，只持有几只股票会增加你业绩表现不佳的概率，但同时也会增加你超过业绩基准的概率。从长期来看，购买价格高昂（估值较高）的股票往往是一个糟糕的决定；但从短期来看，这表明投资者对其未来抱有很高的期望。你尽管去努力，是的，即便是随意拼凑在一起的一组资产，实际上也完全有可能表现得非常出色。

现在来跟我一起做个白日梦吧，你在一场国际象棋比赛中执行一项任务：在比赛中表现得越差越好。这不难做到吧？事实上，如果你像我一样，在国际象棋中很容易被打败，那么表现出色就是一个困难重重的任务。在思考完成一项任务主要是靠运气还是技能时，迈克尔·莫布森建议我们做那些刚刚尝试过的事情：试图故意失败。技巧类的游戏是很难故意失败的（尽管你尽最大的努力故意失败，但你还是有可能在轮盘赌局中获胜），而有意地赢得技巧比赛要比故意输掉容易得多。所有这些都回避了这些问题：投资主要是靠运气还是靠技巧？这对我们怎么做出投资决策具体有什么影响？

埃斯瓦斯·达莫达兰教授给莫布森的运气与技能测试增加了两个额外的条件。对于达莫达兰来说，成功既需要明确的定义，又需要在大量试验中进行衡量。在技术含量较高的比赛（如篮球或国际象棋）中，你要么赢，要么输。在高尔夫球比赛中，你会低于或高于标准杆数；这样的成功是可以清晰定义的。但投资完全不同。我们以一个基金经理为例，他在 2008 年的业绩仅仅下跌 10%。相对而言，这其实是一个巨大的成功，他居然高于业绩基准 2 800 个基点！但从更实际的角度来看，这可能仍然被人视为一种失败。毕竟你不可能用相对收益买到房子或食物，即使是相对的小损失，从绝对值上看也可能是相当巨大的。但这种表现应该被视为成功吗？

现在把我们的注意力转到试验次数的问题上，试着根据一个三分球来判断一个篮球运动员的天赋。大多数有足够臂力的球员都会时不时地投中一个幸运三分球，但是任何一个球员的优势或弱点都只有在他们投了几百次球后才会显现出来。资产管理经理的职业生涯通常为 20~30 年，如果我们认为一年是衡量业绩成果的最短时间，他们的出手机会就会非常有限。目前共有约 7 000 只共同基金和数量大致相当的对冲基金。如果我们假设这些基金经理在任何给定的一年中有 50% 的机会高于或低于业绩基准，那么就可能会有 410 名基金经理连续 5 年跑赢基准，即便整个事件完全取决于机遇！预计将有

14 位基金经理连续 10 年跑赢基准，这一壮举在实践中很少能实现。

那些指向长期以来屈指可数的成功投资家的辩护者，以及关于巴菲特的争论，将会让我们牢牢记住，即便是完全缺乏技能的努力往往也可以持续不断地产生赢家。如果真有什么的原因，那么，证据表明，持续成功的秘诀是成功的过程（例如价值和动量因素），绝非个人内在天赋。通过这三种方法，投资将会倾向于运气：成功可能是偶然的，绩效衡量是模糊的，迭代是有限的。

最后的 0.400 击球手？

以重大的规则变化为标志，棒球的现代纪元开始于 1903 年。在接下来的 38 年里，7 名不同的球员总共打了 12 次击球率为 0.400 的比赛（罗杰斯·霍恩斯比、泰·科布和乔治·西斯勒都有多个击球率超过 0.400 的赛季）。上一个击球率超过 0.400 的大联盟球员是 1941 年的泰德·威廉姆斯。在接下来的 70 多个赛季中，两个联盟都没有球员的击球率超过 0.400，罗杰斯·霍恩斯比 0.424 的现代纪录被许多人认为永远不可能被打破。

纪录无法被打破的原因与球员的绝对技术无关。如果把艾伯特·皮若尔或迈克·特鲁茨放在去年的投手位置上，那么这绝对是一场大厮杀，他们肯定会表现得更好。不同的是，营养的改善、更好的训练和更牢靠的装备，使得成绩水涨船高。正如拉里·斯威德罗所说："在许多种竞争中，诸如国际象棋、扑克或投资，决定结果的是技能的相对水平，而不是绝对水平。""技能悖论"（paradox of skill）意味着，如果技能水平上升，而竞争水平也在上升，运气在决定结果方面就可能变得尤为重要。[113] 击球手进步了，这是当然的，但是他们的进步相对于竞争对手（投手和守场手）来说可能反而有所下滑，在资产管理方面似乎也有类似的趋势。

正如棒球里掺杂的声望、恶名和金钱可以造就伟大的天才一样，资产管理管理行业长期以来从更重要的行业（如医药行业）中抢走了年轻优秀人才，正是因为此行业涉及了经济收益。

查理·埃利斯在《财务分析师》杂志中指出："在过去 50 年里，越来越多年轻且才华横溢的投资专业人士加入了竞争……与他们的前辈相比，他们接受了更先进的培训，有更好的分析工具，可以更快地获取更多的信息。"他说，不出意料的结果是"现代股市效率的不断提高，让人更难赶上前人，也更难打败它们，尤其是在计入成本和费用之后"。沃伦·巴菲特和彼得·林奇之于投资，是否有可能像泰德·威廉姆斯和泰·科布之于棒球界一样，是最后的能打出击球率 0.400 的击球手？

一些人从理论上提出了技能悖论，另一些人则在经验层面上检验了它，但结果并不理想。尤金·法玛和肯尼斯·弗伦奇在《共同基金收益截面上的运气与技能》（*Luck Versus Skill in the Cross-Section of Mutual Fund Returns*）一文中声称，在他们调查的基金经理中，只有前 2% 的人具备技能。塞巴斯蒂安和阿塔鲁里在他们的《股票投资的信念》（*Conviction in Equity Investing*）一文中指出，除了费用和支出，经理人传授技能的比例已经从 20 年前的 20% 左右降至 2011 年的 1.6%。当要求总结自己的工作成果时，塞巴斯蒂安表示，在全球范围内，100 种不同风格的以机构投资者为导向的权益类投资产品中，有 98 种未能在费用和成本之外增加真正的价值。

身披技能外壳的幸运

身怀技能的基金经理的数量下降，并不完全是因为那些年轻有为且垂涎宾利和游艇的常春藤联盟成员的纷纷涌入。遗憾的是，如今许多被称为“基于技能的主动管理”根本就不主动。柜中指数投资（closet indexing），即披着主动管理外衣的被动管理，给投资者留下了可以想到的最糟糕的结果——有高额的费用却没有真正实现差异化，这个问题比大多数人想象的要普遍得多。托马斯·霍华德在探索主动管理型指数投资时发现：“对于典型的基金，低度确信头寸的数量是高度确信头寸的三倍。”[114] Alpha Architect 的韦斯利·格雷博士发现，只有 8% 的交易所交易基金和 23% 的共同基金与业绩基准存在显著差异。此外，格雷博士发现，一只基金越是主动管理，其成本往往越高，真正主动管理的基金的平均收益率为 128 个基点。这项研究清楚地表明，绝大多数主动管理型基金与它们的业绩基准并没有显著差异，因而不可能表现出投资技巧，这却让投资者付出不菲代价。高昂的费用和（或）较低确信度的结合，基本上会使一只基金看上去缺乏投资技能，即便团队中有熟练的成员。

虽然投资中涉及不少运气因素，但研究表明，技巧确实存在，只有当基金管理者有胆量与众不同时，它才能展示出来。马泰恩·克雷默斯和安蒂·佩泰伊斯特在他们 2009 年的论文中引入了主动投资比率的概念，即一个投资组合和与之相比较的业绩基准的差异度。他们发现，真正的主动型基金经理（那些与自己的指数有 60% 或更大差异的基金经理）在历史上的表现更好，而更大的差异往往会带来更好的投资业绩。

在 2013 年的最新报告中，佩泰伊斯特发现，1990—2009 年，主动投资比率较高的投资组合的表现明显好于市场，而且在危机期间，这些基金往往表现良好。正如他指出的："我发现，最主动的选股者能够为他们的投资者增加价值，在扣除所有费用和支出后，他们的业绩比基准指数每年高出约 1.26%。"

当看到更多的幸运的时候，我们才开始看到更多的投资技能。

运气及其影响

《赌王之王》是 1998 年由约翰·马尔科维奇、爱德华·诺顿、格蕾琴·摩尔和马特·达蒙主演的电影，它讲述了一个洗心革面的赌徒的故事，他必须重新回到高赌注的扑克世界，借此来帮助一个朋友解决债务问题（剧透警告：以免约翰·马尔科维奇饰演的泰迪夺去他的朋友的生命）。在我最喜欢的电影场景之一中，迈克·麦克德莫特（达蒙饰演）试图说服他的合作伙伴（摩尔饰演），扑克实际上是一种需要技巧的游戏。在一个激烈的时刻，他大喊："你觉得为什么每年世界扑克大赛的最后一桌都是这 5 个人？什么，他们是拉斯维加斯最幸运的人吗？乔，这是个技能类游戏。"我们从直觉上知道，扑克游戏中有运气的成分，然而，迈克说得有道理。如果这一切都是偶然的，那么为什么这几个人都能获得如此规律性的成功呢？答案在于理解如何为一场运气游戏做最好的准备。

赢得一场基于技能的比赛，比如国际象棋或篮球赛，它需要的和在卡内基音乐厅登台演奏所需要的是一样的，那就是练习。要想在比赛中游刃有余，必须接受各种不同的训练。奇怪的是，在充满机遇的比赛中，重要的不是某个特定事件的结果，而是你的决策质量。通过一系列重复，你能在国际象棋比赛中获胜。在扑克和投资中，你靠的是意志力。扑克理论家戴维·斯克兰斯基建议，你应该将自己视为扑克游戏的赢家，不是基于比赛的最终结果，而是由当所有的钱都投入其中时你获胜的可能性是否最高来确定。投资也是如此。学会根据决策的质量而不是结果的质量来为你的投资损益打分，这是管理自己的情绪、适当衡量个人的表现以及到坚持到第二天继续战斗的关键。

在《格雷厄姆和多德威尔的超级投资者》（*The Superinvestors of Graham-and-Doddsville*）一书中，沃伦·巴菲特向那些认为市场定价有效、将成功完全归功于运气的人提出了质疑。他以猩猩抛硬币的对话开始了讨论。他承认，如果有 2.25 亿只猩猩参与抛硬币游戏，那么其中会有 215 只猩猩将被认为能够正确地连续“预测”20 次抛出硬币的结果。但是，他接着说：

> 如果你发现其中有 40 只来自奥马哈的某个动物园，你就会非常肯定自己抓到什么有用的信息了。所以你可能会去问动物管理员给它们吃了什么，它们是否有什么特殊的锻炼活动，它们读了什么书，或者还有什么其他信息。也就是说，如果你发现任何集中的成功现象，那么你可能想看看是否能识别出可能是偶然因素的异常特征的集中。[115]

巴菲特的确没有否认运气是投资过程的一部分，但他还承认了一个更广泛的事实：在运气为重的环境中，持续的成功要依靠良好的规则。在巴菲特的例子中，有争议的规则是价值投资大师本杰明·格雷厄姆的逢低买入教义。

关于投资管理中运气与技巧的讨论远远超出了理论范畴，其实应该直接告知行为投资者如何构建他们的投资组合。市场一部分是运气，一部分是技巧，这需要我们知晓自己应该更加强调规则而非实践，我们应该持有多样化的投资组合，以防范糟糕的运气，同时又要有足够的差异化，以一种基于规则的方式，从向有利于我们的方向倾斜的概率中获益。

要承认运气的重要地位，它教我们在顺境中磨炼自我，让我们在逆境中释然。虽然通过严格遵守规则获得成功不像 NBA（美国职业篮球联赛）明星练习三分球那么吸引人，但它也有可能带来同样的回报。

第 16 章

样本行为投资因素

在最后一章里，我们将把之前关于试验投资方法的课程应用到资产管理中讨论最多的两个概念——价值和动量中。与我们的三步测试法相一致，我们将从寻找经验证据开始，仔细研究这些想法的理论基础和行为根源。此外，我们还将讨论它们在一种称为反身性的行为过程中的交互作用，这种行为过程为思考繁荣－萧条周期提供了一个模型，而繁荣–萧条周期正是人类错误反应的产物。

价值的证据

价值投资是由本杰明 · 格雷厄姆总结定义、因沃伦 · 巴菲特的推崇而广为人知的一种投资方式，即购入那些交易价格低于其内在价值的股票，基本上就是购买超值的便宜货。说到持续成长因子的三个决定因素，从理论上讲，少花钱比多花钱更舒服是有道理的。根据经验，现在有超过一个世纪的数据证据表明价值投资是有效的。拉格尼沙克、维什尼和施莱费尔研究了市净率对逆向投资、外推法和风险的影响。他们发现，在一年期间，低市净率的股票（即价值型股票）表现优于市净率较高的热门股票的概率为 73%，如果在三年期间，那么概率为 90%，五年则为 100%。

耶鲁大学教授罗杰 · 伊博森在《纽约证券交易所 1967—1984

年十分位数的投资组合》一文中，根据市盈率对股票进行了十分位数排名，并衡量了股票在1967—1984年期间的业绩表现。伊博森发现，在这段时间内，股价最低的十分位数股票的业绩表现要比股价最高的十分位数股票高600%以上，比“平均”的十分位数股票高200%以上。在一项类似的研究中，尤金·法玛和肯尼斯·弗伦奇对1963—1990年的所有非金融类股票进行了研究，并根据它们的市净率将它们分成十分位数。在他们的研究期间，最便宜的股票的收益率几乎是最贵股票的三倍。

詹姆斯·P.奥肖内西在他的优秀著作《华尔街股市投资经典》中，对各种价值因素进行了最为详尽的考察。奥肖内西使用了现在为人所熟知的方法，将股票分成十分位数，并观察其1963年至2009年年底的收益率。他的研究结果突显了价值投资的有效性，以及年化收益率略有提高对财富的巨大复利积累效应。通过对市盈率的研究，他发现，在年复合收益率为16.25%的情况下，市盈率最低那部分十分位数的股票能将10 000美元转化为10 202 345美元。相比之下，如果指数的收益率为11.22%，那么同样的10 000美元也只会变成1 329 513美元。购买便宜的股票可以使你多赚900万美元，而且波动性更小，这与有效市场的观点相悖，即高收益需要承担更高的风险。[116]

但最贵的那1/10股票，也就是股价最被看好的那些股票又如何了呢？截至2009年，市盈率最高的1/10的投票从10 000美元变成了118 820美元，比指数少赚了100多万美元，比购买这些备受忽视的价值型股票更是少了1 000多万美元。这些数字戏剧性地证明了沃伦·巴菲特的话：“你在股市上付出了太高的代价，只为和人们达成一个愉快的共识。不确定性事实上是长期价值购买者的好朋友。”[117] 我还可以继续说下去，但我想我的观点现在已经得到了充分的证明。价值型股票往往以较低的波动性和极好的一致性给投资者提供了更高的收益——这有什么不喜欢的呢？从心理学的角度来看，这就是价值投资经久不衰的原因，而且，作为一种可投资性因素，它很可能经久不衰。

价值投资的心理学

为了说明价值投资的行为根源，让我们先来看看最意想不到的菠萝这种水果的历史。正如生活学校中所描述的那样，“为什么我们讨厌廉价的东西”？克里斯托弗·哥伦布是第一个品尝到菠萝味道的欧洲人，他当时立即被菠萝的奇特形状和酸甜交加的味道吸引。哥伦布后来试图把这些长着尖刺的珍宝运回旧大陆，但事实证明菠萝很难运输，这使这种水果变得极为罕见。因此在哥伦布时代，一个菠萝竟然价值大约 5 000 美元！它们虽然稀有珍贵，却开始逐渐受到皇室的崇拜。叶卡捷琳娜大帝和查理二世都是著名的菠萝爱好者，但他们与邓莫尔四世伯爵对菠萝的热情是无法相比的，他居然建造了一座寺庙来纪念这种水果。但到了 19 世纪，情况开始发生了变化。夏威夷目前有大型菠萝农场，运输技术的进步也使菠萝的运送变得更加容易。随着菠萝变得越来越普遍，这种水果开始逐渐被忽视，现在大约卖 1.5 美元一个。当然，这个菠萝还和以前一样，但是我们对它的价值甚至品质的认知都因为它的降价而大大降低了。我们今天食用水果沙拉的强度，似乎不太可能与叶卡捷琳娜大帝相比了。

菠萝的故事证明了价格和价值感之间的密切联系，斯坦福大学教授巴巴·希夫用其主持的“水平品酒”巧妙地证明了这一观点。希夫让受试者在功能磁共振成像仪中仰卧，然后给他们小心量好的酒，每杯酒都有相应的价格标签。然后，他测量了受试者饮用每种葡萄酒时的大脑活动，寻找价格和大脑状态之间的关系。希夫想要研究大脑中比较特别的这部分——腹侧内侧前额皮质，我们知道它是编码快乐之处。

果然，当受试者以为自己喝的是价值 90 美元的葡萄酒而不是价值 10 美元的葡萄酒时，他们大脑的快乐中枢表现得更加活跃。唯一问题是他们喝的都是 10 美元的酒！在每种情况下，受试者都得到了同样的酒，这意味着大脑愉悦活动的差异直接归因于感知到的价格差异，而不是酒本身的品质。在其他条件相同的情况下，我们认为价格是决定质量的首要因素。

在人类工业化之前的大部分时间里，把价格和价值混为一谈是完全合理的。工匠们在手工制作产品时越小心，产品效果就越好。如今，在一个充斥着自动化和自然资源可廉价获取的时代，成本与价值之间的关系比以往任何时候都要脆弱，在资本市场上，二者准确来说可能是相反的。你付出的越多，得到的就越少。行为投资者必须创造一种过程，让他们能够消除价格与价值之间虚假的心理关联，然后像孩子一样思考。一个对玩具的价格或出处一无所知的孩子，会把玩具放在一边，去接触礼物中真正有趣的部分：盒子。

价值投资持久效果的第二个心理学根源是丹尼尔·卡尼曼所说的“眼见为实”，他（有幸地）将其简称为“WYSIATI”。这个观点认为，评估任何信息都有两个部分——故事和故事的来源，故事本身触发了自动思考（思考系统 1），这是我们做出决定的最简单、最直接的方法。考量故事的来源则需要大量的时间、注意力和脑力，因此可能得不到足够的关注。正如卡尼曼所指出的，我们往往会对信息内容做出条件反射式的反应，而不会停下来判断这个故事的来源是饮水机旁的八卦还是《纽约时报》。正如卡尼曼在《思考，快与慢》一书中所说："系统 1 对于引起印象和直觉的信息的质量和数量都不敏感。"[118]

"你所看到的就是一切"适用于价值投资，因为股价就是故事，股价背后的基本面是故事的源泉。出自本能反应和认知上的惰性，人们只对故事有直接的反应而不会停下来考虑其来源的真实性。巴韦里斯、慕克吉和王在他们的论文《前景理论与股票收益：实证检验》（*Prospect Theory and Stock Returns: An Empirical Test*）中论证了这一点。研究人员表示："对于许多投资者来说，他们对于一只股票的心理表征是由该股票过去的收益率分布决定的。人们可能采用这种表征最明显原因是，他们认为过去的收益分布是他们真正感兴趣的对象（即股票未来收益的分布）的一个很好的、比较容易获得的代理。"巴韦里斯和他的团队继续证明，这种情况导致投资者大量购买过去收益率高得惊人的彩票类型的股票；1926—2010 年，这项研究结果在 46 个国家都成立。

我们的大脑总是认为我们所看到的就是未来的一切的样子。同时，投资的困难在很大程度上却源于这样一个事实：你看到的与你得到的恰恰相反。过去三到五年表现良好的股票，在未来几年往往表现不佳。交易多的人往往会被交易少的人超越。这种由黑变白、本末倒置的趋势，就是我经常提到的"华尔街的怪诞世界"，它也解释了价值策略的持久力。

但是价值投资不仅仅是反直觉的，它实际上会给我们带来身体上的痛苦。艾森贝格尔和利伯曼通过让受试者玩电脑游戏来验证这样一个假设——社交孤立会导致真正的痛苦。在游戏中，玩家认为他们是在和另外两名玩家一起玩，这两名玩家会互相扔球。但在现实中，其他两名球员是由计算机控制、用来隔离受试者的，其中也包括他们的扔球活动。研究人员发现，这个社会性排斥生成了大脑前扣带皮质和脑岛的活动，它们都是大脑中真正激活身体疼痛的两个位置。价值策略是一种投资策略，其实等于不把球扔给你，根据定义，它要求你在别人向左转的时候向右转。

因此，成长型基金的数量超过价值型基金整整 70% 就不足为奇了。价值投资是明智的，经验上是稳健的，也有其行为根源，这使它在心理和身体上难以执行，同时，价值投资可以跨越健康行为投资理念的所有三个障碍。这是非常有价值的，但从来没有人说过它很容易。

动量的证据

动量是牛顿第一运动定律的一种金融外延；每一个物体在匀速运动状态下都倾向于保持这种运动状态。[119] 正如新发现研究公司的科里・霍夫斯泰因所说："动量是一种基于近期收益进行买卖的投资体系。"动量投资者买入业绩表现优异的证券，并回避（或卖空）表现不佳的证券……他们认为，在没有明显不利因素的情况下，表现优异的证券将继续表现良好。[120]

再深入一点儿说，实际上有两种动量：绝对的和相对的。绝对动量是指股票最近的表现与它的历史表现相比较，而相对动量检测的是一种证券相对于其他证券的走势。两者都基于一个相似的准则：优势和弱势都在短期内持续。

我将在下面提供一些历史横截面的动量研究；那些对更全面的观点感兴趣的人应该读一读加里·安乐纳奇（著有《双动量投资》）和科里·霍夫斯泰因［著有《动量的两个世纪白皮书》（*Two Centuries of Momentum*）］的著作。尽管动量理论在一些价值投资纯粹主义者看来是巫术，但它实际上有长达两个世纪历史的实证经验作为支持。

早在 1838 年，詹姆斯·格兰特就发表了一卷著作，考察了英国经济学家大卫·李嘉图极为成功的交易策略。格兰特这样评价李嘉图的成功：

“我刚才提到了李嘉图先生的名字，我可以看出，他积累巨额财富的方法，是一丝不苟地遵循他自己所谓的‘三条黄金法则’，他常常把这三条法则强加给他的私交。这三条法则是：‘当你能得到期权时，永远不要拒绝’‘减少损失’‘让利润持续增长’。关于‘减少损失’，李嘉图的意思是，若一个人购买了股票，当股价下跌时，他应该立即转售。关于‘让利润持续增长’，他的意思是，若一个人持有股票的股价上涨，直到股价达到最高点、快要再次下跌时，他才应该卖出股票。这些确实是金科玉律，除了与证券交易所有关的交易，还适用于无数种其他类型的交易。”[121]

尽管动量已经被人们使用了好多年，但第一个严格意义上的动量实证检验是由赫伯特·琼斯和阿尔弗雷德·考尔斯三世在 1937 年提出的。琼斯和考尔斯发现，1910—1935 年，“以一年为时间计量单位……在一年内超过中位数的股票在下一年也会超过当年的中位数，这种趋势非常明显”。[122]

到了20世纪50年代，投资时事通信作者乔治·切斯特纳特在谈到动量策略时是这样说的：

“哪一种是最好的方案？是买一只领涨的强劲股票，还是四处寻找一只沉睡的或隐藏于市场背后的股票，期待它能迎头赶上？根据涵盖了数千个单独案例的统计数据，最佳可能性在哪里，这个问题的答案非常清楚。多数情况下，最好是买下领衔者，让落后者自生自灭。市场就像人生的各个阶段一样，强者恒强，弱者恒弱。”[123]

与切斯特纳特同时代的尼古拉斯·达瓦斯引入了“箱体理论”，在该理论中，他买入创出新高（即突破了旧有箱体）的股票，用严格的止损策略来对冲他的投资赌注。达瓦斯在提及他的方法时说：“我不会在熊市里买股票，我把这些非凡的股票留给那些不介意拿自己的钱去冒险、想要对抗市场趋势的人。”[124]罗伯特·利维在19世纪60年代末提出了相对强度的概念，但在他之后的近30年里，动量基本上被忽视了。

随着本杰明·格雷厄姆（以及后来的沃伦·巴菲特）的基本面投资方法开始站稳脚跟，动量逐渐被人视为一种近似于江湖骗术的形式。巴菲特本人在谈到他对价格动量的厌恶时，毫不避讳地说：“我总是发现，这么多的研究都是关于价格和成交量行为的，这些都是图表分析师的研究内容，这太离奇了。你能想象仅仅因为某家公司股票的价格在上周和上上周有大幅上涨，就去买下这家公司吗？”[125]

近年来，动量理论得到了理论家们越来越多的认可，因为无论什么致命的怪癖都可能推动它的存在，它的持久性和普遍性都是不能否认的。杰加迪西和蒂特曼在《买入赢者和卖出败者的收益：对股市效率的影响》（*Returns to Buying Winners and Selling Losers: Implications for Stock Market Efficiency*）一书中指出，1965—1989年间，获胜上涨的股票的表现在接下来的6~12个月里将继续好于那些下跌的股票。即使在考虑了由于其他风险因素而导致的收益差异的调整之后，这种超常表现的规模也相当可观——每月1%。[126]

的确，动量的影响往往是很普遍的，且不受市场、地点或时间的限制。克里斯·盖齐和米哈伊尔·萨莫诺夫进行了一项被人亲切地称为"世界最长回测"的研究，他们发现自1801以来，动量效应在美国一直存在！[127] 根据沙博、格希尔斯和贾甘纳坦在2009年的研究，自维多利亚时代以来，动量信号在英国一直很有效，也在40个国家和地区以及20多种资产类别之中证明了它们的力量和持久性。[128] 我们对于动量的心理倾向是如此根深蒂固，以至"动量溢价自其存在之日起就已成为市场的一部分，远在研究人员将其作为一门科学进行研究之前"。委婉地说，它似乎满足了三步测试法的经验证明条件。接下来，让我们来看看动量存在的原因，以及这些原因从本质上看是否来自行为学。

动量心理学

人类天生就有一种把事物的现状无限期地投射到未来的倾向。于是我们创造了一个最重要的和可以加以利用的市场异常因素——动量。

大多数学术理论都假定风险和收益之间存在一种直接的线性关系：想要更大的收益，就要冒更大的风险。但是杰加迪西和蒂特曼

（1993 年）以及法玛和弗伦奇（通过他们的三因素模型）都没有发现基于风险的动量效应的解释证据。从本质上讲，动量违反了金融物理定律，在不增加风险的情况下提供了更大的收益。由于缺乏基于风险的超额业绩解释，研究人员已经将行为作为动量效应发生的最佳描述符号。

丹尼尔、赫舒拉发和苏布拉马尼亚姆提出了两种行为模式——自我归因和过度自信，作为动量效应可能的起源。过度自信是非常直观的，但要理解自我归因，就得想想交通堵塞的状况。如果你在早晨上班的路上不小心把别人的电话挂断了，你可能会把这种行为归咎于自己的无心之过，或者自己还没有摄入足够的咖啡因。然而，当被别人挂断的时候，你就不太可能对他们的行为做出如此高尚的情景化假设。我们倾向于把自己的成功归因于外部因素，也会把自己的失败归咎于外部因素，同时我们却急于把别人的失败归咎于永久性的个人特征。我因为没喝咖啡而打断你，而你打断我是因为你为人不佳。

投资者通常对自己的技能和信息来源过于自信，恰好出自运气或技能的原因，当他们抛出的赌注以价格上涨的形式得到收益时，这种过度自信又会进一步增强。这种过度自信与自我归因同时出现，从这种意义上来说，投资者会将股价上涨归因于自己选股的天赋，而非来源于运气和技巧的某种组合，但是这种组合更有可能是事实。这种过度自信和自我庆祝的循环导致股价不断上涨。那些与投资者最初观点相悖的市场当然会被认为运气太坏而不予考虑，而自我和自我庆贺的倾向则会完好无损地迎来下一个好运气。

其他理论家提出了动量效应的不同原因，但仍然把行为放在了类似于驾驶员的重要位置上。爱德华兹（1969 年）、特韦尔斯基和卡尼曼（1974 年）认为，负责任的行为往往是锚定的，之后再加以不充分的调整。要想更好地理解“锚定”这个词，最好的办法是仔细想想那则头皮屑广告中的话，“你永远不会有机会给人留下第二次第一印象”。当你遇到新朋友时，你会在几秒钟内对他们形成看法。这些第一印象，或者说是锚，之后会在此之上设置好护栏，其中未来的印象往往会沿着这些护栏的方向走。如果你遇到一个人，发现他 / 她真是和蔼可亲，那么你将来也会对他 / 她有类似于和蔼可亲这样的期望。同样，投资者也会对股票当前的价格和走势进行锚定，同时也预测未来会一直有类似的走势。我们的想法根植于这些第一印象，我们对公司命运变化的看法更新得很慢，甚至在新的、令人信服的数据存在的情况下也是如此。

与此相关，沃森于 1960 年认为动量效应是证真偏差和代表性的产物。人们购买时只相信他们愿意相信的东西（“这只股票真不错!”），不希望被那些概念（证真偏差）蒙蔽，并将最近的价格走势视为未来走势的一个指示（代表性）。

最后一个动量的行为学解释与投资者对信息的反应有关，过度反应和反应不足都被认为是动量持续存在的可能原因。关于过度反应的观点是，投资者是贪婪的，而且他们是一群把价格推得更高的来回追逐的傻瓜。关于反应不足的观点是，信息只有在缓慢的过程中才会被纳入价格中，其原因多种多样，从注意力不集中到流动性过剩，再到他在书中提到的保守主义倾向。

虽然我已经在这一节中尝试了各种关于动量的行为解释，但是必须承认的是，我并不关心究竟哪个是“正确的”答案。因为不管动量存在的具体原因是什么，证据看起来是很明显的，原因是行为上的，这对我来说就足够了。动量已经存在了数百年，并在人们发现它之后依然持续了 20 年——在充斥着贪婪套利者的资本市场上，动量作为一种持续力量，一直是人类心理的标记。

许多专家认为动量不仅是一种因素，还是一个特别的因素。法玛和弗伦奇直言不讳地说："动量是最重要的市场异常状态。过去一年收益率较低的股票在未来几个月的收益率往往比较低，而过去收益率较高的股票在未来的收益率往往也比较高。"正如詹姆斯·奥肖内西所说："在华尔街所有的理念中，价格动量是让有效市场的理论家呵斥得最厉害的事情。"在一个完美的世界里，没有什么好的理由，仅仅因为有积极的价格变动，就可以让我们为这只股票比昨天付出更多的钱。但这并不是一个完美的世界，这是一个由人类行为控制的世界，因此表现出了各种行为习惯和怪癖。

表 16-1　价值、规模、贝塔系数和动量的年化溢价（1927—2014 年）

价值	5.0%
规模	3.4%
贝塔系数	8.4%
动量	9.5%

资料来源：卡尔森，《动量投资为何有效》（*Why Momentum Investing Works*），2015 年 7 月 7 日。

反身性：价值与动量的舞蹈

那么，对你来说这算不了什么，世上之事物本无善恶之分，思想使然。

——威廉·莎士比亚，《哈姆雷特》

就像花生黄油酱和巧克力一样，动量和价值本身就都很好，但结合在一起会更好。克利夫·阿斯尼斯在他的文章《一个新的核心权益范式》（*A New Core Equity Paradigm*）中说得好：

> 价值和动量仍然是过去30年间学术和实践研究的两个最重要的发现。尽管学者不断寻找新的市场异常现象，并声称它们提供了非常出色的风险调整后的超额收益，华尔街也经常借用新故事来兜售他们，价值和动量在各种因素中遥遥领先——没有其他风格可以在这么长时间、这么多的地方表现如此之好。价值和动量在提供有吸引力的回报方面有着悠久历史，在各类市场和资产类别中都表现良好，而且在其发现后持续了几十年依旧如此。重要的是，这两种策略结合起来效果会更好。

价值和动量既相互独立，又相互协调地发挥作用，这正是因为它们具有可投资因素的三个特征：经验性证据、理论的可靠性和行为学基础。我们下面要提到的就是迄今为止进行过的最为臭名昭著的心理学研究之一，常常被人引用来证明权力的腐败影响；同时，它也是一个强有力的指南，告诉我们人类倾向于将现在具体化，并将其无限地投射到未来。

任何一门100节心理学课程都可能将斯坦福监狱实验讨论归为其特色。这是一座模拟监狱，建在心理学系的地下室里，用来研究囚犯和监狱警卫之间的权力差异的影响。在招募来参与这项研究24名男性中，大部分是中产阶级白人，他们并被随机分配到狱警或囚犯的身份状态。狱警们接受了简短的训练，在训练中他们被告知不得有对囚犯进行人身伤害或扣留食物的行为。这些囚犯在自己家中被帕洛阿尔托的警察“逮捕”，他们的犯罪登记过程也同真正的罪犯所经历的过程一模一样。虽然这些角色是随机分配的，但受试者几乎立刻开始呈现他们所代表的群体所具有的无情或无助的状态。

由于狱警对囚犯的不人道待遇，这项原定两个星期的研究只进行了 6 天就被迫取消了。第一天平安无事地过去了，但就在第二天，囚犯们开始反抗，他们把床垫当作盾牌、把自己关在一个房间里。狱警们对这次小规模的暴动感到不安，于是采取了报复行动，把冒犯他们的囚犯单独监禁起来，不给他们食物和水。狱警们最终对一些囚犯进行了严厉的口头辱骂，指示那些顺从的囚犯骚扰、贬低不服从的囚犯，并强迫他们在不允许清空的小桶里小便。负责这项研究的心理学家菲利普·津巴多对这些互动非常着迷，以至他对囚犯受到的虐待无动于衷。直到他当时的女友（现在的妻子）克里斯蒂娜·马斯拉克来采访一些实验对象时，她才指出了他犯下的罪行，并让他停止了实验。

从金融市场到世俗婚姻再到天地自然，津巴多在行为上所经历的正反馈循环无处不在，它可以被界定为一种事件性，它的效果不断地被引发它的那些事件放大。化学反应产生热，热又接着催化出进一步的化学反应。一头牛移动导致三头牛移动，最后导致了严重的踩踏事故。与其类似，随着受试者的成长，以及虚假支付的能力的增强，庞氏骗局能够更好地吸引新的受害者。

津巴多通过给狱警和囚犯分配身份来启动这个循环，随后他们开始从事类似狱警和囚犯的行为活动，这进一步增强了整个计划的真实性。正是借助这样一个反馈回路，斯坦福的一名新生可以在不到一个星期的时间里变成一个习惯骂人的、到处乱喊的狱警，还能迫使另一名同学睡在自己的粪便附近。

但没有什么是永恒的，即使是最负面的反馈循环最终也会自我封闭。多内拉・梅多斯说得好："正反馈循环是系统中经济增长、膨胀、衰弱和崩溃的根源。一个不受约束的正循环的系统最终会走向自我毁灭。这就是它们这么少的原因。通常，负循环是迟早会出现的。"最终，反馈循环负载会导致其自身的毁灭，整个过程又会反向开始。资本市场是由那些武断地使同侪失去人性的人类行为者驱动的，这只不过是一系列正反馈和负反馈的循环，朝着神话般的公允价值概念的方向不断倾斜，继而又远离它。这种因果之间的循环关系被称为反身性。

乔治・索罗斯对这一概念的论述最为透彻，他指出反身性市场的存在必须具备两个条件：一是受试者对世界的观点看法是片面和扭曲的，二是这些扭曲的观点看法可以实现自我强化。我们已经详细讨论了市场受试者容易产生的社会学、生理学、神经学和心理学上的扭曲，我们对动量和 WYSIATI 的讨论也提供了充分的证据，表明信念可以自我强化。所以这两种情况都得到了充分的满足，从而导致市场出现间歇性的无效，但总体上在向市场有效倾斜。市场从来都不是完全有效的，但总是朝着有效的方向崩溃。对这一概念的误解是不同学派之间大多数分歧的根源，也是围绕资金管理的糟糕政策的根源。

硬核的被动管理狂热者过分强调了对市场有效的全面倾斜，

而错误地把大的趋势当成了真理。若这样做，他们会忽视行为投资者可以获得的业绩提升的价值机会。而传统主动管理的倡导者很快就指出了市场中存在的行为异常，但他们错误地认为，偶尔出现的无效与实时发现并适当采取行动的能力有关。市场有效的两个条件——价格永远是正确的，没有免费的午餐——并不像一些主动管理的基金经理愿意相信的那样是紧密联结的。市场可以偏离其真实价值大幅波动，但跑赢市场仍然很难。要想真正理解市场的反身性本质，需要在一个基于规则的体系下对市场整体倾斜向有效的事实给予足够的尊重，以更好地利用市场无效的线索。没有别的办法。

回到我们谈及的反身性的两个条件（不断强化的不完美观点），很容易看到反馈循环是如何启动的。要想催化整个过程，我们需要一些人们可以做出反应的新闻或信息。每月发布 45 000 份经济数据的美联储，以及全天候的财经新闻媒体，都很乐意在这方面提供帮助。市场受试者都在获取这些信息，每个人都有自己的主观经验，源于文化、心理和经验的差异。这些信息产生的感觉在经过个人主观的搅拌机时必然变得片面和不完美，所以这很好地满足了索罗斯的第一个条件。这些刚刚被处理的信息，正以一种可以经常自我强化的方式起着作用。

以亚马逊公司为例，公司在 1997 年进行了首次公开募股，被大家称为“世界上最大的书店”。这家新兴的公司提供了一种可能性，即它可以颠覆一个古板的老行业，接着它引来了铺天盖地的媒体报道。亚马逊良好的业绩让公司股票在短短 20 年内从每股 18 美元涨至超过 1 000 美元。一路走来，在乐观信念的支撑下，不断飙升的市值带来了许多实实在在的好处。亚马逊的成功使它能够以极低的融资成本为其进一步增长提供资金。公司良好的声誉得以招募到科技行业最优秀的人才，并通过将股票期权作为员工薪酬的一大部分来隐藏并降低成本。这并不表明亚马逊完全是在炒作，我的确认为这是个百年一遇的品牌。相反，它是为了证明，对于一个公司来说，早期的积极或消极的信念是如何产生经济现实的，从而带来比想象中更好的东西。亚马逊的成功绝对是努力工作、杰出人才和产品创新的综合结果，但这一过程受到主观信念的极大推动，而且这些信念也是必然会产生的。

当传来坏消息的时候，类似的反馈循环可能会启动，而且往往会更加猛烈。1973 年的石油危机引发了厕纸供应短缺这样的传言。这些谣言继而使得恐慌的市民纷纷抢购食品。你猜对了，这最后确实导致了真正的卫生纸短缺，这完全是认知导致的结果。

更重要的是，这一点在 21 世纪初的房地产危机中表现得尤为明显。随着房价的急剧下跌，越来越多的房主发现自己已经资不抵债，这意味着房屋的市场价值低于房屋抵押贷款。这为房主抛弃房子、宣布破产和摆脱这一切提供了充足的理由。抛弃意味着房子没有人接手，导致房产供应过剩，这两种情况都会导致价格下跌，并导致进一步的抛售。这些房屋抵押贷款存在于银行的资产负债表上，这导致银行资本不充足，无法通过放贷来刺激经济的进一步增长。资本流入的缺乏引发了更高的失业率，从而导致有能力的人才去贷款并偿还抵押贷款票据，而整个混乱又重新开始。

自然中的反身性

反馈循环发生在自然界，为思考金融市场中的给予和索取提供了一套有用的方法。想想在食蜜鸟类和支持它们的植物之间的“进化军备竞赛”。这些类型的鸟类，如蜂鸟，进化出长长的喙来获取植物的花蜜。对花儿来说，它们也进化出了长长的像小号一样的结构来防止鸟类摄取花蜜，接着鸟又进化出一个更长的喙，这样的循环会一直继续下去。这种动力论也存在于金融市场中，它们不愿被粗略地描述为完全有效或非常无效。

反身过程以事实为核心（例如亚马逊将改变图书的销售模式），并通过主观化的镜头进行过滤，形成自我强化的反馈循环。这种循环会一直持续一段时间，直到一些新的主观解释信息将它们传递出去，且通常是往相反的方向。

尽管有效市场的理论家相信价格已经很合理了，并建议购买整个市场，同时有效市场的批评者试图购买已经背离其公允价值的股票，行为投资者却要很好地折中，需要理解问题并不是“价格是合适的吗”，而是“价格之后的走势如何”。

如果从行为学的角度来看，那么价格永远不是合适、正确的，但它通常不会错到可以预测的程度。通过将价值、动量和对反身过程的理解三者相结合，行为投资者力求投资于一篮子股票，这些股票的不完美的主观评价受到了不公平的对待，但是一个积极的反馈循环将很快把价格推动至公允价值进而得到回报。如果把一个反身过程想象成一次旅行，价值就是旅行的距离，动量就是旅行的速度。将价值和动力结合起来，就相当于在最短时间内穿过大量土地的高速列车。

金融市场永远会朝着真正的价值前进，却永远不会到达。固执地坚持自下而上基本面的资产管理方法，将在情感战胜逻辑的情况下被推翻。相反，那些强调市场偏离的人也无法意识到市场在大多数时候都是正确的。一种基于行为信息的方法通过同时强调基本面和趋势来拥抱市场的反身性现实。

后记
坚持到底

我曾听说有人在股票市场进行虚拟操作，通过赚来的虚拟美元证明自己的英明，以这种方式自娱自乐。有时，这些虚拟的投机者通过这种虚拟的操作可以获利数百万美元。但由于是虚拟操作，这些投机者很容易变成“豪赌客”。这就有点儿像我听过的一则老故事，故事中的决斗者要在第二天和另外一个人决斗。他的助手问决斗者：“你的枪法是否不错？”

“怎么说呢，我能够在 20 步以外击中葡萄酒杯的杯柄。”决斗者面露谦虚的表情说道。

该助手不为所动，说道：“很好，那如果这个酒杯举着一把装好子弹的手枪正对着你的心脏，你还能命中杯柄吗？”

——埃德温·勒菲弗，《股票作手回忆录》

你现在可以说是这个世界上行为投资领域受教育程度最高的一群人中的一员了。但作为一个受过良好教育的行为投资者，最重要的是要明白教育的重要性到底有多么微不足道。世界上有不少人受过良好教育却做出了愚蠢的选择，这种现象被科学家称为“理性障碍”。一项专门针对加拿大门萨俱乐部会员的调查很好地证明了这一点，该俱乐部的会员仅限于 IQ（智商）排名前 2% 的人。在这些人中，有 44% 相信占星术，51% 相信生物节律，56% 相信外星人曾造访过地球。

马丁·海德格尔是一位受人尊敬的哲学家，他有敏锐的头脑，却支持纳粹党，用虚假的论证来捍卫那些本应受谴责的行为。发现了铊元素的威廉·克鲁克斯曾经多次被灵媒蒙骗，他从未被人说服放弃自己的唯心论信仰。而艾萨克·牛顿，这位了不起的科学家，由于对市场和人类行为本质有根本性误解，在南海泡沫中损失了不少财富。聪颖似乎并不能保证那些人可以成为一个理性的行动者。

是的，当你最需要知识的时候，你之前所学到的东西对你来说是其实是最没用的。研究表明，我们在压力下大约会丧失 13% 的认知能力，这印证了纳西姆·塔勒布的建议："即使我们可以意识到自己有各种偏见，我们也必须认识到，知识并不等于行为。"解决方案在于设计和采用一种至少对行为决策错误具有部分抵御性的投资流程。从一个非常真实的意义上说，无论你因为读了这本书而获得了怎样的成功，成功原因都不会是个人的天赋，而是对个人的平庸的接受。

涉及投资时，你并没有那么厉害——从社会学、生理学和神经学已经看到了这一点,但这并不意味着你没有过人之处。从根本上说，成为一个行为投资者，就是要把所有错误的教训和不合理的愿景都清除，并意识到做得越少才会让你得到更多。要知道，越不刻意追求特别，你就会变得越特别。最重要的是，你要意识到，了解自己和积累财富是两种并行不悖的人生追求，只有当有勇气承认自己平凡时，你才能实现它们。唯有这样，你才能在前进的路上让自己变得更加优秀。伟大是你生来具备的权利，个人独特性是你的平衡点，所以，现在就去追求它们吧。

参考文献

1. Yuval Noah Harari, 'Bananas in heaven,' TEDx (2014).

2. Yuval Noah Harari, *Sapiens* (Harper, 2015), p. 24.

3. Harari, *Sapiens*, p. 25.

4. Harari, *Sapiens*, p. 180.

5. Hugo Mercier, *The Enigma of Reason* (Harvard University Press, 2017).

6. Elizabeth Kolbert, 'Why facts don't change our minds,' *The New Yorker* (February 27, 2017).

7. Stephen Hawking, *A Brief History of Time* (Bantam, 1998).

8. Lewis Thomas, *Late Night Thoughts on Listening to Mahler's Ninth Symphony* (Penguin, 1995).

9. Leonard J. Savage, *The Foundations of Statistics* (Wiley, 1954).

10. Jason Zweig, *Your Money and Your Brain: How the New Science of Neuroeconomics Can Help Make You Rich* (Simon & Schuster, 2008), p.62.

11. Lisa Kramer, 'Does the caveman within tell you how to invest?' *Psychology Today* (August 18, 2004); and M. J. Kamstra, L. A. Kramer, D. Levi and R. Wermers,' Seasonal Asset Allocation: Evidence from Mutual Fund Flows' (December 2013).

12. Camelia M. Kuhnen and Brian Knutson, 'The influence of affect on beliefs, preferences, and financial decisions,' *Journal of Financial and Quantitative Analysis* (June, 2011).

13. Harari, *Sapiens*, p.9.

14. Kabir Sehgal, 'What happens to your brain when you negotiate about money,' *Harvard Business Review* (October 26, 2015).

15. Kabir Sehgal, 'What happiness to your brain when you negotiate about money,' *Harvard Business Review* (October 26, 2015).

16. João Vieito, Armando F. Rocha and Fábio T, Rocha, 'Brain activity of the investor's stock market financial decision,' *Journal of Behavioral Finance* (November 2014).

17. Zweig, *Your Money and Your Brain*, p.35.

18. Richard L. Peterson, 'The neuroscience of investing: FMRI of the reward system,' *Brain Research Bulletin* (2005).

19. Rose McDermott, James H. Fowler and Oleg Smirnov, 'On the evolutionary origin of prospect theory preferences,' *The Journal of*

Politics (April 2008).

20. C.Camerer, G. Loewenstein and D. Prelec, 'Neuroeconomics: How neuroscience can inform economics,' *Journal of Economic Literature* (March 2005), p. 27.

21. F. G. Ashby, V. V. Valentin and U. Turken, 'The effects of positive affect and arousal on working memory and executive attention,' in S. Moore & M. Oaksford (eds.), *Emotional Cognition: From Brain to Behaviour* (John Benjamins, 2002), pp. 245–287.

22. E.Yong, 'Justice is served, but more so after lunch: how food-breaks sway the decisions of judges,' *Discover* (April 11, 2011).

23. M. A. Tuk, D. Trampe and L. Warlop, 'Inhibitory Spillover,' *Psychological Science* (April 2011).

24. A. W. Lo, 'The Adaptive Markets Hypothesis: Market Efficiency from an Evolutionary Perspective' (August 2004).

25. J. Coates, 'The biology of risk,' *New York Times* (June 7, 2014).

26. N. Kandasamy, B. Hardy, L. Page, M. Schaffner, J. Graggaber, A. S. Powlson, P.C. Fletcher, M. Gurnell and J. Coates 'Cortisol shifts financial risk preferences,' *Proceedings of the National Academy of Sciences of the United States of America* (March 4, 2014).

27. Nathaniel Branden, *The Psychology of Self-Esteem: A Revolutionary Approach to Self-Understanding that Launched a New Era in Modern Psychology* (Jossey-Bass, 2001).

28. Daniel Crosby, *You're Not That Great* (Word Association Publishers, 2012).

29. Dan Gilbert, 'The surprising science of happiness' TED Talk (February 2004).

30. Dan Gilbert, 'The surprising science of happiness' TED Talk (February 2004).

31. Lee Ross and Craig Anderson, 'Shortcomings in the attribution process: On the origins and maintenance of erroneous social assessments,' in Daniel Kahneman, Paul Slovic and Amos Tversky (eds.), *Judgment Under Uncertainty: Heuristics and Biases* (Cambridge University Press, 1982), pp. 129–152.

32. 2014 NTSB US Civil Aviation Accident Statistics.

33. Gerd Gigerenzer, *Risk Savvy: How to Make Good Decisions* (Penguin, 2015).

34. Justin Kruger and David Dunning, 'Unskilled and unaware of it: How difficulties in recognizing one's own incompetence lead to inflated self-assessments,' *Journal of Personality and Social Psychology 77:6* (1999), pp. 1121–1134.

35. Joel Hoomans, '35, 000 decisions: The great choices of strategic leaders,' *Roberts Wesleyan College Leading Edge Journal* (March 20, 2015).

36. Samuelson and Zeckhauser, 'Status quo bias in decision making,' *Journal of Risk and Uncertainty* (1988), p. 9.

37. Brian Wansink and Jeffery Sobal, 'Mindless eating,' *Environment and Behavior* (January 1, 2007).

38. W. Edwards, 'Conservatism in human information processing,' in

B. Kleinmutz (ed.) *Formal Representation of Human Judgement* (Wiley, 1968).

39. D.Kahneman and A. Tversky, 'Choices, values and frames,' *American Psychologist* 39 (1984), pp. 341–350.

40. Russell A. Poldrack, 'What is loss aversion?' *Scientific American.*

41. Gus Lubin, 'Here's the real difference between Coke and Pepsi,' *Business Insider* (December 19, 2012).

42. Zweig, *Your Money and Your Brain*, p. 22.

43. Greg B. Davies, *Behavioral Investment Management: An Efficient Alternative to Modern Portfolio Theory* (McGraw-Hill, 2012), p. 53.

44. Nate Silver, *The Signal and the Noise: Why So Many Predictions Fail-but Some Don't* (Penguin, 2015), p. 185.

45. D. Shull, *Market Mind Games* (McGraw-Hill, 2011).

46. R. B. Zajonc, 'Feeling and Thinking,' *American Psychologist* (1980).

47. P. Slovic, E. Peters, M. L. Finucane and D. G. MacGregor, 'Affect, risk, and decision making,' *Health Psychology* (2005).

48. A.W. Lo and D. V. Repin, 'The psychophysiology of real-time financial risk processing,' *Journal of Cognitive Neuroscience* 14:3 (2002), pp. 323–339.

49. A. M. Isen, 'Positive affect and decision making,' in M. Lewis & J. M. Haviland (eds), *Handbook of Emotions* (Guilford Press, 1993), pp. 261–277.

50. G. V. Bodenhausen, G. P. Kramer and K. Süsser, 'Happiness and stereotypic thinking in social judgment,' *Journal of Personality and Social Psychology* 66:4 (1994), pp. 621–632.

51. J. P. Forgas and K. Fiedler, 'Us and them: Mood effects on Intergroup discrimination,' *Journal of Personality and Social Psychology 70* (1996), pp. 28–40.

52. Dan Ariely, *Predictably Irrational* (HarperCollins, 2009).

53. B. N. Steenbarger, *The Psychology of Trading: Tools and Techniques for Minding the Markets* (Wiley, 2007), p. 54.

54. Y. Rottenstreich and C. K. Hsee, 'Money, kisses, and electric shocks: On the affective psychology of risk,' *Psychological Science* (2001).

55. G. F. Loewenstein, E. U. Weber, C. K. Hsee and N. Welch, 'Risk as feelings,' *Psychological Bulletin* 127:2 (2001), pp. 267–286.

56. Andrew W. Lo, Dmitry V. Repin and Brett N. Steenbarger, 'Fear and Greed in Financial Markets: A Clinical Study of Day-Traders,' MIT Sloan Working Paper No. 4534–05 (March 2005).

57. Mo Costandi, 'Reconstructive memory: Confabulating the past, simulating the future,' *Neurophilosophy* (January 9, 2007).

58. An Ohio State study found that 80% of restaurants fail in the first three years: Lorri Mealey, '10 reasons restaurants fail,' *The Balance Small Business* (October 10, 2016).

59. T. Sharot, 'The optimism bias' (May 2012).

60. D. Shariatmadari, 'Daniel Kahneman: 'What would I eliminate if

I had a magic wand? Overconfidence',' *Guardian* (July 18, 2015).

61. D . Moore and S . A . Swift, 'The three faces of overconfidence in organizations,' in David De Cremer, Rolf van Dick and J . K . Murnighan (eds.) *Social Psychology and Organizations* (Routledge, 2012).

62. J.Zweig, in Benjamin Graham, *The Intelligent Investor* (HarperBusiness, 2006), p. 374.

63. C.H. Browne, *The Little Book of Value Investing* (Wiley, 2006).

64. B.Malkiel, *A Random Walk Down Wall Street* (W. W. Norton & Company, 2016).

65. D.D. P. Johnson and J. H. Fowler, 'The evolution of overconfidence,' *Nature* (2011).

66. M.Muthukrishna, S. J. Heine, W. Toyakawa, T. Hamaura, T. Kameda and J. Henrich, 'Overconfidence is universal? Depends what you mean' (2015).

67. J. Allen, F. F. Reichheld, B. Hamilton and R. Markey, 'Closing the delivery gap,' Bain & Company (2005).

68. M. W. Riepe, 'Is overconfidence affecting your investing outcomes?' Charles Schwab (February 12, 2018).

69. M. Statman, S. Thorley and K. Vorkink, 'Investor overconfidence and trading volume,' AFA 2004 San Diego Meetings (2003).

70. D.A. Moore, T. R. Kurtzberg, C. R. Fox and M. H. Bazerman, 'Positive illusions and forecasting errors in mutual fund investment decisions,' *Organizational Behavior and Human Decision Processes* 79:2 (August 1999), pp. 95–114.

71. M. Glaser and M. Weber, 'Why inexperienced investors do not learn: They do not know their past portfolio performance,' *Finance Research Letters* 4:4 (2007)

72. J. Stillman, '4 tricks to avoid overconfidence,' Inc. (December 1, 2014)

73. S. M. Herzog and R. Hertwig 'The wisdom of many in one mind,' *Psychological Science* 20:2 (2009).

74. R. M. Hogarth, 'A note on aggregating opinions,' *Organizational Behavior and Human Performance* 211 (February 1978), pp. 40-46.

75. Herzog and Hertwig 'The wisdom of many in one mind'.

76. W. Samuelson and Richard Zeckhauser 'Status quo bias in decision making,' *Journal of Risk and Uncertainty* 1:1 (March 1988), pp. 7–59.

77. R. Henderson, 'How powerful is status quo bias?' *Psychology Today* (September 29, 2016).

78. Simon Rooze's review of R. Thaler and C. Sunnstein's *Nudge* (Penguin, 2009) in *Amsterdam Law Forum* 1:4 (2009).

79. S. M. Fleming, C. L. Thomas and R. J. Dolan, 'Overcoming status quo bias in the human brain,' *Proceedings of the National Academy of Sciences of the United States of America* 107:13 (February 2010), pp. 6005-6009.

80. A. Nicolle, , S. M. Fleming, D. R. Bach, J. Driver and R. J. Dolan, 'A regret-induced status quo bias,' *Journal of Neuroscience* 31:9 (March 2011), pp. 3320-3327.

81. 'Overcoming home bias in equity investing,' Janus Henderson Investors (September 2017).

82. M. Hulbert, 'A plan to overcome investors' home bias,' *New York Times* (January 23, 2000).

83. D. Sassoon, *Becoming Mona Lisa* (Harvest Books, 2003).

84 S. Butler, 'To get rich, stifle emotion-driven investment picks, *USA Today* (January 25, 2015).

85. N. Nicholson, E. Soane, M. F.-O' Creevy and P. Willman, 'Personality and domain-specific risk taking,' *Journal of Risk Research* 8:2 (2005).

86. A. W. Lo, D. V. Repin and B.N. Steenbarger, 'Fear and Greed in Financial Markets: A Clinical Study of Day-Traders,' MIT Sloan Working Paper No. 4534-05 (March 2005).

87. Lo, Repin and Steenbarger, 'Fear and Greed in Financial Markets.'

88. R. Schmidt, 'Frozen: Using behavioral design to overcome decision-making paralysis,' *Deloitte Insights* (October 7, 2016).

89. T. Howard, *Behavioral Portfolio Management* (Harriman House, 2014), p. 95.

90. B. Frick, 'How to beat our status-quo bias,' Kiplinger (December 2, 2010).

91. E. Inglis-Arkell, 'The frozen calm of normalcy bias', Gizmodo (May 2, 2013).

92. A. Ripley, 'How to get out alive,' *Time Magazine* (April 25,

2005).

93. N . Bostrom and T. Ord , 'The reversal test : Eliminating status quo bias in applied ethics,' *Ethics* 116 (July 2006) , pp. 656-679.

94. D. Greller, 'Jumping to conclusions-base rate neglect,' *Invisible Laws* (September 11, 2011).

95. T. Rogoway, 'This is why the space shuttle's external fuel tank stopped being painted white,' *Foxtrot Alpha* (October 16, 2015).

96. R. Kinnel, 'How fund fees are the best predictor of returns,' Morningstar (October 4, 2016).

97. C.S. Taber and M. Lodge, 'Motivated skepticism in the evaluation of political beliefs,' *American Journal of Political Science* 50:3 (July 2006), pp. 755-769.

98. C. Roche, 'Great investors think in terms of probabilities', Pragmatic Capitalism (November 10, 2014).

99. R. Thaler and C. Sunstein, *Nudge: Improving Decisions About Health, Wealth, and Happiness* (Penguin, 2009).

100. A. Kings 'Important money lessons from Nobel Prize in Economics winner Richard Thaler,' Born2Invest (October 11, 2017).

101. J. Voss, 'Medication for investment professionals,' *Enterprising Investor*-CFA Institute (February 29, 2016).

102. A. Lueke and B. Gibson, 'Mindfulness meditation reduces implicit age and race bias,' *Social Psychological and Personality Science* (November 24, 2014).

103. M. Goyal, S. Singh and E. M. S. Sibinga. 'Meditation programs

for psychological stress and well-being,' *JAMA Internal Medicine* 174:3 (2014), pp. 357–368.

104. B. Stetka, 'Changing our DNA through mind control?' *Scientific American* (December 16, 2014).

105. J. S. Lerner, Ye Li and E. U. Weber, 'The financial cost of sadness,' *Psychological Science* (2012).

106. H. Aarts, K. I. Ruys, H. Veling, R. A. Renes, J. H. B. de Groot, A. M. van Nunen and S. Geertjes 'The art of anger,' *Psychological Science* (September 20, 2010).

107. N. N. Taleb, *Antifragile: Things That Gain from Disorder* (Random House, 2014), p. 5.

108. B. Carlson 'How market crashes happen,' A Wealth of Common Sense (January 8, 2017).

109. W. Gray and T Carlisle, *Quantitative Value: A Practitioner's Guide to Automating Intelligent Investment and Eliminating Behavioral Errors* (Wiley, 2012), p. 27.

110. B. Carison, *A Wealth of Common Sense* (Bloomberg, 2015), p. 93.

111. W. Gray, J. Vogel and D. Foulke, *DIY Financial Advisor: A Simple Solution to Build and Protect Your Wealth* (Wiley, 2015), p. 23.

112. M. Lindstrom, *Buyology: Truth and Lies About Why We Buy* (Crown Business, 2010), p.158.

113. L. Swedroe, 'Why alpha's getting more elusive,' ETF.com (November 21, 2014).

114. T. Howard, *Behavioral Portfolio Management* (Harriman House, 2014).

115. W. Buffett, 'The Superinvestors of Graham-and-Doddsville,' Columbia Business School (May 17, 1984).

116. J. P. O'Shaughnessy, *What Works on Wall Street* (McGraw-Hill, 2011), p. 85.

117. LouAnn Lofton, *Warren Buffett Invests Like a Girl: And Why You Should, Too* (HarperBusiness, 2012), p. 71.

118. D. Kahneman, *Thinking, Fast and Slow*, p. 86.

119. G. Antonacci, *Dual Momentum Investing: An Innovative Strategy for Higher Returns with Lower Risk* (McGraw-Hill, 2014), p.13.

120. C. Hoffstein, 'Two Centuries of Momentum,' Newfound Research.

121. Hoffstein, 'Two Centuries of Momentum.'

122. Antonacci, *Dual Momentum Investing*, p. 15.

123. Antonacci, *Dual Momentum Investing*, p. 16.

124. Hoffstein, 'Two Centuries of Momentum.'

125. Buffett, 'The Superinvestors of Graham-and-Doddsville.'

126. N. Jegadeesh and S. Titman, 'Returns to buying winners and selling losers: Implications for stock market efficiency,' *The Journal of Finance* 48:1 (March 1993), pp. 65-91.

127. C. Geczy and M. Samonov, 'Two centuries of price return

momentum,' *Financial Analysts Journal* 72:5 (September/October 2016).

128. C. S. Asness, A. Frazzini, R. Israel and T. J. Moskowitz, 'Fact, fiction and momentum investing,' *Journal of Portfolio Management* (Fall 2014).